MARCO POLO

KANADA WEST

ROCKY MOUNTAINS, VANCOUVER

> Kanada ist für uns Europäer
> ziemlich ideal als Urlaubsland.
> Die Menschen sind unglaublich
> offen und herzlich. Das Land
> ist sauber, schön und riesengroß.
> *MARCO POLO Autor*
> *Karl Teuschl*
> (siehe S. 139)

KANADA WEST

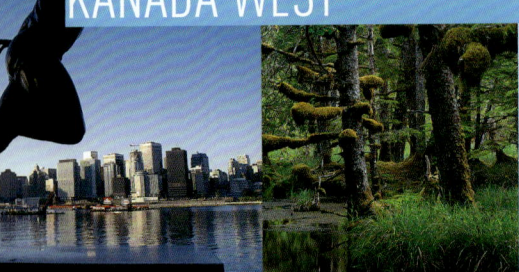

Bella Coola
Tatla Lake
Port Hardy
Gold
Kar
Gold River
Vancouver Island
Van
Tofino
Victoria

> SYMBOLE

Insider Tipp **MARCO POLO INSIDER-TIPPS**
Von unserem Autor für Sie entdeckt

★ **MARCO POLO HIGHLIGHTS**
Alles, was Sie in Westkanada kennen sollten

☼ **SCHÖNE AUSSICHT**

▶▶ **HIER TRIFFT SICH DIE SZENE**

> PREISKATEGORIEN

HOTELS, MOTELS, B & B
€€€   über 130 Euro
€€   70–130 Euro
€   unter 70 Euro
Die Preise gelten pro Doppelzimmer ohne Frühstück. Einzelzimmer sind selten günstiger

RESTAURANTS
€€€   über 25 Euro
€€   15–25 Euro
€   unter 15 Euro
Die Preise gelten abends für ein Hauptgericht mit Vorspeise, Suppe oder Salat. Mittags ist es ca. 40–50 Prozent günstiger

> KARTEN

[124 A1] Seitenzahlen und Koordinaten für den Reiseatlas Kanada West

[U A1]   Koordinaten für d Karte Vancouver i hinteren Umschla

[0]   außerhalb des Kartenausschnitts

Zu Ihrer Orientierung sind auch die Orte mit Koordin. versehen, die nicht im Re atlas eingetragen sind

INHALT

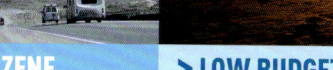

> SZENE

S. 12–15: Trends, Entdeckungen, Hotspots! Was wann wo in Kanada West los ist, verrät der MARCO POLO Szeneautor vor Ort

> 24 STUNDEN

S. 102/103: Action pur und einmalige Erlebnisse in 24 Stunden! MARCO POLO hat für Sie einen außergewöhnlichen Tag in Vancouver zusammengestellt

> LOW BUDGET

Viel erleben für wenig Geld! Wo Sie zu kleinen Preisen etwas Besonderes genießen und tolle Schnäppchen machen können:

Gutes Sushi für wenig Geld S. 36 | Schlafen in einsamer Wildnislodge S. 47 | Bahnwagons als Hostelzimmer S. 62 | Tageswanderung in die kanadischen Rockies S. 72 | Freie Mittagskonzerte und kostenlos Eislaufen S. 87 | Ökokost zu vernünftigen Preisen S. 92

> GUT ZU WISSEN

Was war wann? S. 10 | Spezialitäten S. 26 | Blogs & Podcasts S. 42 | Hudson's Bay Company S. 57 | Bücher und Filme S. 60 | Speisen wie die Trapper? S. 76 | Begegnung mit Bären S. 84

AUF DEM TITEL
Bootssafari in den Meresbuchten von Tofino S. 43
Trendsport-Mekka Whistler S. 12

ENTDECKEN SIE KANADAS WESTEN!

Unsere Top 15 führen Sie an die traumhaftesten Orte und zu den spannendsten Sehenswürdigkeiten

Die Highlights sind in der Karte auf dem hinteren Umschlag eingetragen

 Calgary Stampede
Harte Männer, wilde Pferde: Zum größten Rodeo der Welt kommen die Profi-Cowboys sogar aus Australien (Seite 23)

 Stanley Park
Glitzernde Buchten, Totempfähle und fabelhafte Blicke auf Skyline und Berge: Vancouvers Stadtpark der Extraklasse lädt zu einer Fahrradtour ein (Seite 34)

 UBC Museum of Anthropology
Totempfähle, kunstvoll geschnitzte Masken, alte Kanus und Decken aus Bergziegenwolle: Das Erbe der Ureinwohner wird in würdigem Rahmen präsentiert (Seite 34)

 Pacific Rim Nat. Park
Naturpark an der rauen Küste des Pazifik: Urwälder, von Treibholz übersäte Strände, Bären und Wale (Seite 42)

 Stubbs Island Whale Watching
Während einer Bootstour die Schwertwale vor Vancouver Island beobachten (Seite 44)

 Royal British Columbia Museum
Allein schon die indianischen Masken sind die Reise nach Victoria wert (Seite 46)

 Helmcken Falls
Im Westen gibt es keine schöneren: grün umrankte Wasserfälle im Wells Gray Provincial Park (Seite 59)

> DIE BESTEN MARCO POLO HIGHLIGHTS

 Fort St. James
Früher der wichtigste Posten der Pelzhändler, heute ein Museumsdorf in der Yellowhead Region (Seite 62)

 Icefields Parkway
Beten Sie um schönes Wetter für diese Fahrt von Banff nach Jasper auf der Traumstraße der Rocky Mountains (Seite 67)

 Lake Louise
Der Königssee Kanadas ist ein absolutes Muss – das wissen allerdings auch Tausende andere Besucher (Seite 67)

 Fairmont Jasper Park Lodge
Gepflegte Chalets am See, Golf und gutes Essen im Jasper National Park (Seite 73)

 Ranchman's Saloon
Cowboys und -girls treffen sich in Calgary bei Steak, Bier und Billard (Seite 81)

 Royal Tyrrell Museum of Paleontology
Ein Abstecher in die Urzeit: Anschaulich wird die Welt der Dinosaurier in Drumheller präsentiert (Seite 83)

 Head-Smashed-In Buffalo Jump
5000 Jahre lang jagten die Blackfoot-Indianer Bisons und trieben sie über eine Klippe bei Fort McLeod (Seite 85)

Dawson City
Das malerisch verwitterte Städtchen am Klondike war Schauplatz für den legendären Goldrausch von 1898 (Seite 90)

WAS FÜR EINE REGION!

Waterton National Park

AUFTAKT

> Die Naturschönheit des kanadischen Westens ist legendär. Und tatsächlich ist es für Outdoorfans nicht schwer, hier Träume zu erleben: eine Bärenfamilie am Ufer eines Fjordes zu beobachten, die Stille am Ufer des weiten Yukon River zu genießen, bei Cowboys in der Weite der Prärie zu campieren oder beim Rafting einen wilden Fluss zu reiten. Als Kontrastprogramm locken trendiges Shopping und urbane Multikultiszene in Metropolen wie Vancouver oder Calgary. Mit schicken Lounges und Designerboutiquen, mit Country-Rock in heißen Saloons oder Westcoast-Sound in coolen Bars.

> Irgendwie glaubt man, dieses Kanada zu kennen. Es liegt auf demselben Breitengrad wie Mitteleuropa, das Klima unterscheidet sich nicht besonders von dem zu Hause, die Berge ähneln den Alpen, die Küsten denen in Norwegen. Irgendwie. Und doch ist Westkanada ganz anders – gewaltiger, eindrucksvoller, einsamer. Es fehlen die Menschen, es fehlen die lauten Autobahnen und die zersiedelte, in kleine Parzellen und Felder untergliederte Landschaft. Unendliche Weite regiert, und fast jede Wanderung auf einen Berggipfel wird mit einem Panorama über eine Landschaft ohne Straßen oder Häuser belohnt. Hier ist die Natur noch weitgehend ursprünglich. So, wie wohl unser heute dicht besiedeltes Europa früher einmal war.

Als Erstes gilt es, sich an die Dimensionen Kanadas zu gewöhnen. Eine Fahrt zum nächsten, 50 km entfernten Laden ist nicht der Rede wert. Der Westen Kanadas, die Provinzen Alberta und British Columbia, das Yukon Territory und die Northwest Territories, umfasst gut 3 Mio. km^2.

Allein in die Provinz British Columbia, die knapp 950 000 km^2 groß ist und nur 4,3 Mio. Einwohner hat, würde Deutschland fast dreimal hineinpassen.

Besonders für eine erste Reise nach Kanada ist der Westen mit seinen vielfältigen Landschaften ideal. An der fjordreichen Pazifikküste steigen die gletschergekrönten Coast Mountains mit ihren uralten, geheimnisvol-

> *Westkanada ist gewaltiger, eindrucksvoller, einsamer*

len Regenwäldern aus dem dunklen Wasser, der Heimat von Walen und Königslachsen. Dahinter, im Schatten der Berge, erstrecken sich sonnige, wald- und seenreiche, immer wieder von Bergketten unterbrochene Hochplateaus bis zu den Rocky Mountains. Das Felsengebirge birgt die schönsten National

Westkanada – vor allem British Columbia – gehört zu den führenden Exporteuren von Holz

Parks des Landes – Banff und Jasper –, verbunden durch den Icefields Parkway, eine spektakuläre Panoramastraße. Noch weiter östlich, jenseits der Rockies, liegt das Ranchland Albertas, wo vor 60 Mio. Jahren Dinosaurier lebten, wie die reichen Fossilienfunde am Red Deer River belegen. Heute weiden hier große Rinderherden – in friedlichem Einklang mit Ölpumpen, die das schwarze Gold Albertas fördern. Mit den riesigen Vorkommen von Teersanden um Fort McMurray im Norden Albertas besitzt Kanada sogar die zweitgrößten Ölreserven der Welt nach Saudi Arabien. Dort und auf den großen Weizenfeldern im Süden der Region wird deutlich, dass hier die Wirtschaft bis heute stark von der Landwirtschaft und den reichlich vorhandenen Rohstoffen abhängt.

Im weiten Norden schließlich dehnen sich die spärlich begrünten Bergzüge und Hochtäler des Yukon Territory

und der Northwest Territories aus, vor rund 100 Jahren Schauplätze des größten Goldrauschs der Geschichte – und seither wieder vergessen. Ähnlich vielfältig wie die Landschaftsformen sind auch die klimatischen Gegensätze: An der Pazifikküste herrscht feuchtes, mildes Meeresklima, im Binnenland Kanadas dagegen erleben Sie Kontinentalklima mit heißen Sommern und bitterkalten Wintern. Hoch im arktischen Norden dauert der Sommer kaum zwei Monate, während im Süden, auf dem gleichen Breitengrad wie Franken, im Okanagan Valley von British Co-

> ### Doch es muss nicht immer Wildnis sein

lumbia, Wein und Pfirsiche gedeihen. Doch sogar die extreme Hitze des Sommers in den Prärien Albertas und die polare Kälte in der winterlichen Arktis sind durch die geringe Luftfeuchtigkeit gut verträglich.

Nur etwa 33 Mio. Menschen leben in Kanada, im gesamten Westen sind es sogar nur knapp 8 Mio. Da bleibt viel Platz: zum Campen, Angeln, Wandern, Kanufahren und Reiten. Doch es muss nicht immer Wildnis sein. Auch die Metropolen können sich sehen lassen. So gilt das meerumschlungene Vancouver als eine der schönsten Städte des nordamerikanischen Kontinents. Die wenigen Städte sind aber auch die einzigen Enklaven der modernen Zivilisation in Westkanada. Nur der Süden, die Region entlang der Grenze zu den USA, ist durch Highways und Sied-

WAS WAR WANN?

Um 35 000 v. Chr. Paläoindianische Jägervölker wandern über die Beringstraße nach Nordamerika ein

1535/1536 Der Franzose Jacques Cartier entdeckt den St.-Lawrence-Strom und verwendet den Namen Kanada

1670 Gründung der Hudson's Bay Company, die vom englischen König das Land westlich der Hudson Bay erhält

1763 Neufrankreich wird englische Kolonie; Pelzhändler erschließen den Westen

1778 Der britische Entdecker James Cook erkundet die Pazifikküste

1792/93 Alexander Mackenzie durchquert den Kontinent bis zum Pazifik

1867 Die Geburt Kanadas: Die Kolonien im Osten werden zur *Dominion of Canada* erklärt

1871 British Columbia tritt der *Dominion of Canada* bei

1885 Fertigstellung der Trans-Canada-Eisenbahnlinie. Banff, der erste kanadische National Park, wird gegründet

1898 Goldrausch am Klondike. Erster Ölfund in Alberta

1931 Kanada wird souveräner Staat im *British Commonwealth*

1942 Bau des Alaska Highway

1962 Fertigstellung des Trans-Canada Highway

1990er-Jahre eine Einwanderungswelle aus Hongkong bringt 70 000 Chinesen nach Vancouver

2007 Wirtschaft Kanadas boomt durch explodierende Öl- und Rohstoffpreise

2010 Olympische Winterspiele in Vancouver und dem Skiort Whistler

lungen erschlossen. Im fruchtbaren Tal des Fraser River, in den warmen Tälern um Kelowna und Kamloops und in der Prärie Albertas leben rund 80 Prozent der Bevölkerung. Dagegen sind der Norden und die arktischen Gebiete fast menschenleer.

Der Westen Kanadas ist der jüngste Teil des Landes – geschichtlich wie auch geologisch. Erst vor 30 Mio. Jahren hoben sich die Rocky Mountains aus den Sedimentschichten der Urmeere empor. Durch die Kontinentalverschiebung, bei der die Pazifische Scholle gegen die Nordamerikanische Festlandscholle prallte, wurden die Bergzüge der Kordilleren aufgefaltet. Vor 30 000 Jahren zogen dann die Ahnen der Indianer von der Beringstraße her durch Westkanada und besiedelten von dort aus den Kontinent. Ihre Nachfahren sind im Westen bis heute noch am stärksten vertreten. In ihren alten Stammesgebieten leben sie in kleinen Dörfern und kümmern sich mit wachsendem Selbstbewusstsein um ihre Rechte. Vor allem entlang der West Coast sind ihre Totempfähle und Plankenhäuser noch vielfach zu bewundern.

Viel später erst, vor etwas mehr als 200 Jahren, segelten die ersten weißen Entdecker, die Briten Captain Cook und Captain Vancouver, die West Coast entlang und begannen den Pelzhandel mit den Ureinwohnern. Gegen Anfang des 19. Jhs. kamen dann die wirklichen Siedler: Bauern aus der Ukraine, aus England, Deutschland und Skandinavien. Und gerade einmal 120 Jahre ist es her, dass die ersten Städte entstanden und die erste Eisenbahn von Montréal gen Westen dampfte.

> **Westkanada ist ein Paradies für Wildnisfans**

Wirtschaftlich sind sich die Kanadier im Westen treu geblieben. Bergbau,

Landschaften, die zum Teil auch unter dauerhaftem Naturschutz stehen – wie etwa in dem fast 10 000 km^2 großen Tweedsmuir Provincial Park.

Westkanada ist nach wie vor ein Paradies für Wildnisfans. Gelegenheiten, Abenteuer zu erleben, gibt es viele. Doch warum an die Grenzen

Die schwarz-weißen Orcas sind besonders häufig um Vancouver Island anzutreffen

Ranchwirtschaft und Fischerei, Weizenanbau und neuerdings auch die Kultivierung von Ginseng sind die wichtigsten Wirtschaftszweige im Süden der Provinzen. Im nach wie vor kaum erschlossenen Norden regiert die Forstwirtschaft, die derzeit reichlich Arbeit hat, tote Bäume zu fällen, in denen der Borkenkäfer wütet. Doch noch immer gibt es riesige, völlig unberührte und unbesiedelte

der eigenen Belastbarkeit gehen, auch eine gemütliche Tour mit dem Wohnmobil kann das Gefühl von Freiheit und Weite vermitteln. Denn in Kanada ist es nicht so wichtig, Attraktionen abzuhaken. Nehmen Sie sich lieber Zeit für Tageswanderungen in den Bergen oder an den wilden Stränden, zum Grillen am Lagerfeuer oder einfach zum Durchatmen in der sauberen Luft dieses Landes.

▶▶ TREND GUIDE KANADA WEST

Die heißesten Entdeckungen und Hotspots! Unser Szene-Scout zeigt Ihnen, was angesagt ist

Ron Hann

kennt seine Heimat Kanada und die Szene dort wie seine Westentasche. Schließlich ist er Reiseleiter und Fotograf. Seine erklärte Leidenschaft ist „the Pow" – der berühmte weiche und trockene Pulverschnee der Rocky Mountains. Deshalb trifft man ihn im Winter auf den Pisten des Fernie Alpine Resorts – egal ob mit Snowmobile, Skiern oder Board!

▶▶ COOL SPORTS

Dirtsurfen und Kitewing

Die Trendsportarten *Dirtsurfen* und *Kitewing* werden immer beliebter. *Dirtsurfer* sausen auf Inlineboards über Wiesen, Felder, Hügel und Strände. Das Resultat? Echtes Surfoder Snowboardfeeling, nur auf Rädern! Kurse und Equipment bucht man bei *Xtreme Xperience Inc.* (Tel. 866/998-73 88, *www.xxinc.ca*) in Edmonton und Calgary. Das alljährliche *Paskapoo Downhill Rodeo* ist seit 2006 das Topevent für Dirtsurfer (*www.paskapoodh.com*). Beim *Kitewing* düst man mit einer Mischung aus Windsurfsegel und Hängegleiter im Winter auf Snow-

board, Skiern oder Schlittschuhen, im Sommer auf Inlinern, Skateboard oder Inlineboard über verschiedenstes Terrain – im Gegensatz zum Kitesurfen ganz ohne Fangleinen! Dabei werden Geschwindigkeiten von bis zu 100 km/h erreicht (Infos bei *www.kitewing.com*). Das Lieblingsziel für *Dirtsurfer* und *Kitewing*-Fans ist Whistler.

SZENE

▶▶ GLAMOURÖSES NIGHTLIFE

Luxus-Clubbing

Stylishe Nightlifelocations erobern die Westküste. Edmontons neueste Errungenschaft in Sachen Nachtleben: der *Empire Ballroom*. Er beeindruckt mit einem exotisch-ägyptischen Dekor, heißen DJs und regelmäßigen Fashionshows. Auf Knopfdruck regnet es Ballons, Konfetti oder Kunstschnee auf die Partypeople *(West Edmonton Mall, www.empireballroom.ca, Foto)*.
Vancouvers Szene trifft sich im *Ginger Sixty Two (1219 Granville St., www.ginger62.com)* und in der superschicken *Opus Bar*. Der Club ist durchgestylt und trumpft mit Designermöbeln und innovativen Cocktails auf. Lustiges Highlight: Die Herren- und Damentoiletten sind nur durch eine Glaswand voneinander getrennt *(350 Davie St., www.opusbar.ca)*. Sehen und gesehen werden heißt es auch in Calgarys Hotspot: Die *Mynt Ultralounge* ist ein schicker Club samt Rooftop-Lounge *(516c 9 Ave. SW, www.mynt.ca)*.

▶▶ KREATIV & INNOVATIV

Neue Konzepte für moderne Kunst

Vorbei die Zeiten, in denen dröge Hallen für innovative Kunst herhalten mussten. Die neuen Galerien sind in außergewöhnlichen Locations zu Hause. The *Van Dop Gallery* ist Kanadas erste Home-Galerie. Nach dem Motto „Kunst zwischen Wohnzimmer und Essbereich" integriert Trudy Van Drop in ihrem Haus und Garten Werke von über 100 Kreativen *(421 Richmond St., New Westminster, www.vandopgallery.com, Foto)*. An ausgewählten Freitagen wird die *Vancouver Art Gallery* unter dem Titel „Fuse" zur heißen Partylocation. Die Macher sorgen mit Installationen, DJs und abgefahrenen Gallery-Tours immer wieder für neue Überraschungen *(750 Hornby St., www.vanartgallery.bc.ca)*.

VANCOUVER FASHION

Eine Stadt im Aufbruch

Vancouver mausert sich zur Modemetropole. Zweimal im Jahr trifft sich die Modeszene auf der *BC Fashion Week,* um ihre Kreationen zu präsentieren *(www.bcfashionweek.com).* Zahlreiche Boutiquen bieten Newcomern eine Plattform. Bei *Eugene Choo* shoppt man kanadische Labels und Kreationen von unabhängigen Designern *(3683 Main St., www.eugenechoo.com).* Aufstrebende lokale Talente können sich bei *Shop Cocoon* eine Fläche mieten *(3345 Cambie St., www.shopcocoon.com),* schicke Kleidung und Schmuck von jungen Designern gibt's bei *Dream 311 (311 W Cordova Street).*

BIOTREND

Genuss für Bewusste

Der Bio-Food-Trend geht weiter: Zahlreiche Restaurants in Westkanada verwenden ausschließlich regionale Produkte. Das spart nicht nur Energie, sondern unterstützt auch die Landwirtschaft. Das Motto heißt „Buy local, eat seasonal": Die Speisekarten wechseln ständig, um nur Saisonprodukte anzubieten. Das *Aurora Bistro* in Vancouver bietet moderne kanadische Küche, dazu gibt's hervorragende Weine aus British Columbia *(2420 Main St., www.aurorabistro.ca, Foto).* Das *River Café* in Calgary serviert Bioprodukte von Bauern aus der Umgebung und aus dem eigenen Garten *(Prince's Island Park, www.river-cafe.com).* Die Zutaten des *Bacon* in Edmonton kommen aus der Gegend, das Fleisch von Tieren ohne Hormonaufzucht *(6509 112 Ave., www.eatatbacon.com).* Das *West* in Vancouver hat sich ebenfalls dem Biotrend verschrieben *(2881 Granville St., www.westrestaurant.com).* Mehr Infos bei *www.dinealberta.ca.*

SKIJÖRING

Spaß für Abenteurer

Der neue Funsport aus Skandinavien heißt Skijöring. Skiläufer lassen sich dabei von Schlittenhunden, Snowmobil oder Pferd ziehen. Bei einigen Hunderennen wurde Skijöring als eigene Disziplin eingeführt. Zum Beispiel beim *Yukon Arctic Ultra* Rennen in Whitehorse: Bei eisigen Temperaturen werden Strecken zwischen 100 und 460 Meilen nonstop zurückgelegt *(www.arcticultra.de, Foto)!* Wem das zu lang ist, macht eine Skijöring-Tour mit *Mad Dog Expeditions (Tel. 403/609-36 70, www.maddogsexpeditions.com).*

▶▶ INDIE IST IN

Kanadischer Ohrenschmaus

Die kanadische Indie-Musikszene erlebt ein Revival – *Avril Lavigne* und *Arcade Fire* sei Dank! Der Trend geht weg von Pop und zurück zu Indie-Sounds. Die Devise: Individualität. Dabei setzen die Bands auf neue Rhythmen und die Musikbars auf superinnovative Konzepte. *The Sessions* (*www.thesessions.ca,* Foto) sind die heißesten Newcomer aus Vancouver. Ihr Brit-Rock-Indie-Electro-Sound ist in der Szene angesagt. Härter in der Tonart ist *Flood of Fire* (*www.floodoffire.ca*). Einer der besten Indie-Musikclubs ist das *Richard's on Richards* in Vancouver. Hier spielen neben kanadischen auch internationale Indie-Acts in ge-

mütlich-urbanem Kellerambiente (*1036 Richards St., www.richardsonrichards.com*). Die neuesten Showcases, intime Konzerte und Release-Partys gibt's im *The Media Club*, einer hippen Live-Music-Lounge (*695 Cambie St., Vancouver, www.themediaclub.ca*).

▶▶ BEAUTY INDIVIDUELL

Jedem das Seine

Die neuen Schönheitssalons haben sich spezialisiert. Maniküre, Pediküre, Massagen und Masken für Hände, Füße und Beine gibt's in der *Pure Nail Bar* in Vancouver. Mit ihrem frischen Design-Interior in hellblau-weiß ist sie bei Promis wie Selma Blair beliebt. Toll: Auch Pamper Partys wie Mutter-Tochter-

Abend, Junggesellinnenabschied oder andere Privatevents werden organisiert (*1282 Pacific Blvd., www.purenailbar.com*). Weder Haare färben noch schneiden, nur waschen und stylen ist bei *Blo* in Vancouver angesagt: Im silber-weißen Lounge-Ambiente samt Philippe Starcks *Louis Ghost Chairs* stehen Stilrichtungen zur Wahl, die Namen wie *Red Carpet* oder *Sex, Hugs and Rock & Roll* tragen. Männer bekommen eine ausgedehnte Kopfmassage (*1150 Hamilton, www.blomedry.com,* Foto). *Jack* definiert sich als moderner Herrenfriseursalon. Vom Ambiente über die Pflegeprodukte bis hin zu Fernsehern an jedem Stuhl, ist alles auf die die Bedürfnisse der Herren ausgerichtet (*3386 Cambie St., Vancouver, www.jackhair.com*).

EISHOCKEY

Angeblich spielten schon die See-
leute, die mit dem englischen Entdecker John Franklin Anfang des 19. Jhs.
unterwegs waren, Hockey auf dem
Eis und begründeten damit den heute
beliebtesten Sport Kanadas. Schon
im Kindergartenalter lernen die Kids
überall im Land Schlittschuhfahren.
Und wenn die heimischen Teams bei
den Meisterschaften, den *play-offs*

für den berühmten Stanley Cup, mit-
spielen, dann gerät das ganze Land in
Hockeyrausch. Derzeit am erfolg-
reichsten: die *Vancouver Canucks*
und die *Ottawa Senators*.

FLORA & FAUNA

Der größte Teil Westkanadas liegt im
Bereich des borealen Nadelwalds,
der sich wie ein breites Band quer
durch den Kontinent zieht. Diese

Bild: Revelstoke National Park

STICH WORTE

Wälder sind Lebensraum von Bären, Elchen, mehreren Hirscharten, Luchsen, Stachelschweinen und Bibern, und im Binnenland von British Columbia wütet der Borkenkäfer – möglicherweise eine Folge der globalen Erwärmung. Nach Norden hin gehen im Yukon Territory und in den Northwest Territories die Wälder in Taiga und dann Tundra über. Nur noch Karibus, Schneehasen und Moschusochsen können von den spärlichen Flechten und Moosen in dieser Region leben. Doch die großen Süßwasserflächen ernähren im Sommer zahllose Wasservögel.

Der Süden und Osten Albertas gehören noch zur großen nordamerikanischen Prärie, ursprünglich eine Grassavanne, die jedoch wegen ihrer fruchtbaren Böden heute größtenteils gepflügt und von riesigen Getreidefeldern bedeckt ist. Das einstige Reich von Millionen Bisons ist heute der Brotkorb Kanadas – Bisons gibt es nur noch in einigen wenigen Schutzgebieten. In den Rocky Mountains gedeiht eine alpine Flora mit vielen Wildblumen, die Bergziegen und -schafen Nahrung bietet. An den Westhängen der Coast Mountains und auf Vancouver Island wuchert üppiger Regenwald mit bis zu 80 m hohen Douglasien, Sitkatannen, Zedern und saftig grünen Farnen.

GOLD

Seit Jack Londons Romanen kennt fast jeder die abenteuerliche Geschichte des Goldrauschs am Klondike. Tatsächlich spielte in Kanada die Suche nach dem Edelmetall eine ganz besondere Rolle, denn mit den Goldfunden wurden im Westen ganze Regionen erschlossen. Um 1860 lockte der Goldrausch in den Cariboo Mountains Tausende von Desperados an. 30 Jahre später hieß es: „Gold in the Yukon!", und an die 100 000 Goldsucher machten sich auf den mühsamen Weg, quälten sich durch Eis und Schnee in den Coast Mountains, um rechtzeitig im Frühjahr ihr gelobtes Land zu erreichen. Gold im Wert von 100 Mio. Dollar wurde in nur drei Boomjahren gefördert. Dawson City wurde mit 30 000 Einwohnern zur größten Stadt westlich von Winnipeg.

Auch heute noch wird Gold gefördert – am Klondike und in Yellowknife, aber noch mehr im harten Granitfels des Kanadischen Schilds in Ostkanada. Gut 4 Mio. Unzen sind es jährlich, von denen viele zum *Maple Leaf Dollar* geprägt werden, zur meistverkauften Goldmünze der Welt.

INDIANER & INUIT

Die Vorfahren der Indianer kamen vor vermutlich 35 000–15 000 Jahren über die Beringstraße nach Nordamerika. Sie breiteten sich im Lauf der Jahrtausende über den Kontinent aus, es entwickelten sich eigenständige Kulturgruppen, wobei im Norden halbnomadische Jägerstämme lebten. Die Stämme der Plains-Kultur in den Prärien des heutigen Alberta folgten den großen Büffelherden, während das reiche Nahrungsangebot an der Westküste den Kwakiutl und Haida genügend Muße ließ, zu kunstfertigen Holzschnitzern zu werden. Die Vorfahren der heutigen Inuit besiedelten von Alaska aus erst vor etwa 1000 Jahren die kanadische Arktis.

Als die Weißen ab dem 15. Jh. kamen, dezimierten aus Europa eingeschleppte Krankheiten die Stämme. Mit der Besiedlung des Westens im 19. Jh. wurden die Indianer dann in Reservate abgedrängt. Doch die Versorgungslage war schlecht, die Bemühungen um den Aufbau einer eigenen Wirtschaftsgrundlage für die in den Reservaten lebenden Indianer wurden auch im 20. Jh. anfangs nur halbherzig verfolgt, denn das Ziel der Weißen war allenfalls die Integration der Indianer, nicht die Unterstützung ihrer Eigenständigkeit und die Aufrechterhaltung ihres kulturellen Erbes. Heute leben rund 610 000 Indianer und fast 50 000 Inuit in Kanada. In der Verfassung von 1982 wurden ihre Rechte als ursprüngliche Besitzer des Kontinents anerkannt. Dies und das erstarkte Selbstbewusstsein der Ureinwohner haben dazu geführt, dass derzeit zahlreiche Stämme Landrückgabe und Selbstverwaltung fordern. Den spektakulärsten Erfolg erzielten dabei die Inuit: Sie erhielten 1999 im Norden der Northwest Territories ein eigenes Territorium, das das Anthropologiemuseum der University of British Columbia, dessen massive Betonpfeiler an die Plankenhäuser der Indianer erinnern. Ed Zeidler schuf das wie ein Segelschiff über dem Wasser schwebende Kon-

Traditionelles Treffen der Häuptlinge: Powwow-Tanzfest der Blackfoot-Indianer

sie *Nunavut* (unser Land) tauften. Nunavut wird nun fast ausschließlich von Inuit regiert und verwaltet.

gresszentrum Canada Place in Vancouver. Und der Stararchitekt Moshe Safdie errichtete 1995 den spektakulären Rundbau der Public Library in Vancouver.

MODERNE ARCHITEKTUR

Besonders Vancouver verändert sich derzeit rasant durch Großprojekte für die Olympischen Spiele 2010. Doch es gibt auch ältere Werke kanadischer Architekten: Der in Vancouver geborene Arthur Erickson entwarf mit großem Einfühlungsvermögen

MOUNTIES

Die rot berockte *Royal Canadian Mounted Police* ist wohl das bekannteste Wahrzeichen Kanadas. In ihrer Paradeuniform treten die *Mounties* bei offiziellen Veranstaltungen auf und schmücken so manches Erinnerungsfoto. Doch sie sind mehr als buntes Beiwerk: Bis heute ist diese hervorragend ausgebildete Bundespolizei für alle ländlichen Regionen und Orte Kanadas zuständig, die sich keine eigene Polizei leisten können – und das sind gerade im dünn besiedelten Westen sehr viele. Die heute rund 15 000 Personen starke Truppe der RCMP wurde bereits 1873 gegründet. Für Jahrzehnte waren die

NATIONAL PARKS

„… zum Wohle, Vorteil und Vergnügen der Bevölkerung Kanadas" wurde 1885 der Vorläufer des heutigen Banff National Park gegründet. Er war der erste in einer langen Reihe von Parks, in denen heute die schönsten und ursprünglichsten Regionen des weiten Landes geschützt werden.

Die Mounties sind in einigen Gebieten Kanadas immer noch zu Pferde unterwegs

Forts der Mounties auch die einzigen Außenposten der Zivilisation im damals noch recht wilden Westen. Mit Hundeschlitten patrouillierten die Gesetzeshüter in der Arktis, zu Pferd und per Kanu drangen sie in die abgelegensten Goldgräbercamps vor. Und auch heute können Sie die Mounties hautnah erleben – als radarbewaffnete Wächter an den Highways, die jedem Raser die Leviten lesen und ihn zur Kasse bitten.

Gerade unter ökologischen Gesichtspunkten gilt das dem kanadischen Umweltministerium unterstellte Parksystem als weltweit bahnbrechend. 42 Nationalparks sind es heute mit einer Gesamtfläche von mehr als 230 000 km^2 – genug, um Österreich zweimal darin unterzubringen. Ein weiteres Dutzend Parks sind geplant, denn für die Zukunft soll jede typische und ökologisch bedeutende Region Kanadas in einem Park unter

Schutz gestellt sein. Für die rund 30 Mio. Besucher, die jedes Jahr die Nationalparks besuchen, gilt es, sich an die Regeln zu halten: Kein Tier darf gefüttert, kein Zweig abgebrochen werden. Auch ein Wildblumenstrauß kann Sie teuer zu stehen kommen: bis zu 500 Dollar Strafe. Jagen ist generell verboten. Dagegen dürfen Sie aber – mit Lizenz – in den Bächen und Seen die Angel auswerfen. Für Infos: *www.parkscanada.ca*

POLITIK

Kanada ist eine bundesstaatlich geordnete parlamentarische Monarchie im British Commonwealth. Staatsoberhaupt ist daher als Königin von Kanada die englische Monarchin Queen Elizabeth, die aber nur zeremonielle Aufgaben hat. Die zehn Provinzen besitzen weitreichende Selbstverwaltung, etwa in Schulwesen, Kulturpolitik, Gesundheitsversorgung und Nutzung der Bodenschätze. Nur die drei sehr dünn besiedelten Nord-Territorien werden weitgehend von der Bundeshauptstadt Ottawa aus finanziert und regiert.

POPMUSIK

Als Peter Fonda das berühmte Roadmovie „Easy Rider" drehte, da rollten die Bikes zu Musik aus Kanada: „Born to be wild" hieß der legendäre Song, und die Mitglieder der Band Steppenwolf kamen großteils aus Toronto. Ein typischer Fall. Kanada hat keine eigenständige Popmusik geschaffen, Hollywood und New York waren übermächtig. Viele kanadische Künstler wanderten daher nach Sü-

den ab: Leonard Cohen, Neil Young und Joni Mitchell. Heute sind die bekanntesten Bryan Adams, Céline Dion, Sarah McLachlan, Alanis Morissette, Avril Lavigne, Nelly Furtado und Countrystar Shania Twain.

TOTEMPFÄHLE

Indianisches Schnitzwerk liegt im Trend. Kunstvoll geschnitzt und oft bunt bemalt, mit schauerlichen Fratzen und mythischen Tierfiguren versehen, stehen Totempfähle heute vor Regierungsgebäuden und Museen. Kitschige Nachbildungen in Plastik zieren die Souvenirläden. Die Pfähle sind zu einem Symbol für indianische Kultur schlechthin geworden. Ursprünglich gab es diese hoch entwickelte Schnitzkunst jedoch nur im Kulturkreis der Nordwestküsten-Indianer, etwa in der Region zwischen Vancouver Island und Südostalaska. Die *totem poles* waren keine religiösen Ikonen und dienten auch nicht als Marterpfähle. Sie waren Prestigesymbole, mit denen eine Sippe oder ein Häuptling Macht und Reichtum zeigten.

Nachdem jahrzehntelang das angeblich „heidnische Schnitzwerk" von Regierung und Missionaren verboten worden war, ist dank der Renaissance der indianischen Kultur wieder ein Aufleben dieser alten Kunst zu beobachten. Die schönsten Pfähle können Sie in den Museen von Vancouver und Victoria sehen. Oder Sie fahren in die Indianerdörfer an der Westküste, wo vielfach noch Originalpfähle erhalten sind, etwa in Alert Bay, Quadra Island oder Hazelton.

WETTKÄMPFE UND PARADEN
Der Sommer ist Hauptsaison für Veranstaltungen in Westkanada

> Jede ethnische Gruppe, jedes Dorf feiert im Sommer eigene Anlässe: Pioniertage, Holzfällerwettbewerbe, Rodeos und indianische *Powwows* (Tanzfeste), daneben aber auch Folklore- und Musikfestivals der einzelnen Einwanderergruppen. Erkundigen Sie sich im Visitor Centre, wo nächstes Wochenende gefeiert wird.

■ OFFIZIELLE FEIERTAGE ■

1. Jan. Neujahr; **Karfreitag** und **Ostermontag**; **Montag vor dem 25. Mai** *Victoria Day*; **1. Juli** *Canada Day* (Nationalfeiertag); **1. Montag im Aug.** Provinzfeiertag in British Columbia und Alberta; **3. Montag im Aug.** *Discovery Day* im Yukon Territory; **1. Montag im Sept.** *Labour Day* (Tag der Arbeit); **2. Montag im Okt.** *Thanksgiving* (Erntedankfest); **11. Nov.** *Remembrance Day* (Heldengedenktag); **25./26. Dez.** Weihnachten

■ FESTE UND FESTIVALS ■

Februar
Whitehorse, *Sourdough Rendezvous* mit *Frostbite Music Festival*: Winterfest der Goldgräber zu Beginn des berühmten, gut 1500 km langen Schlittenhunderennens *Yukon Quest,* Mitte des Monats

Mai
Vancouver: Mitte Mai *Children's Festival* mit Clowns und Pantomimen. Westernfans kommen zum *Rodeo* im Vorort Cloverdale.
Victoria: am *Victoria Day* bunte Kostümparade, Konzerte und Autorennen, am darauf folgenden Wochenende die traditionelle Segelregatta *Swiftsure Race*

Juni
Vancouver: chinesisches *Dragon Boat Festival* Mitte des Monats; anschließend großes *Vancouver International Jazz Festival*
High River, *Chuckwagon Races:* Meisterschaften im Planwagenrennen, Mitte des Monats

Juli
Canada Day: Am 1. Juli gibt es in fast allen Orten Kanadas Picknicks, Paraden

Aktuelle Events weltweit auf www.marcopolo.de/events

> EVENTS
FESTE & MEHR

und Straßenfeste. Williams Lake begeht den Tag mit einem *Rodeo*, Dawson mit dem *River Quest Canoe Race*.

Calgary: Aus aller Welt reisen in der ersten Monatshälfte die Cowboys zum weltgrößten Rodeo an, der ⭐ *Calgary Stampede*.

Nanaimo: *Marine Festival and Bathtub Race:* Über 100 hochgerüstete Badewannen machen sich Ende des Monats auf den Weg nach Vancouver.

Yellowknife, *Folk on the Rocks:* 24 Stunden Musik unter der Mitternachtssonne, Mitte Juli

Merritt, *Mountain Music Festival*: größtes Countrymusikfest Westkanadas, Mitte des Monats

Medicine Hat: letztes Juliwochenende *Exhibition & Stampede* – mit Rodeo, Planwagenrennen und Countrymusik

Juli/August

Banff: Von Juli bis Ende August treffen sich junge Künstler aus allen Regionen zum *Banff Arts Festival* mit Konzerten, Theater- und Ballettaufführungen.

August

Squamish, ⭐ *Squamish Days Logger Sports:* Holzfäller zeigen ihre Künste und hacken um die Wette, erstes Wochenende

Lethbridge, *Whoop-up Days:* Mitte des Monats gibt es das berühmte Rodeo und Westernvolksfest.

Abbotsford: am Monatsanfang *International Airshow* mit historischen Flugzeugen

Dawson City, ⭐ *Discovery Days:* Um den 17. Aug. feiert die Stadt den ersten Goldfund im Yukon.

Vancouver, *Pacific National Exhibition:* Landwirtschaftsausstellung mit Rodeo und Jahrmarkt

September

Dawson City: Am ersten Wochenende flitzen beim *Klondike International Outhouse Race* allerlei witzig dekorierte Klohäuschen durch die Stadt – gezogen von kostümierten Goldgräbern.

Kelowna: Ende September bis Mitte Oktober richten die Kellereien des Okanagan Valley das *Fall Wine Festival* aus.

Insider Tipp

> COFFEESHOPS UND WESTERNBARS

Kanadas kulinarische Reize liegen in der Vielfalt regionaler
Zutaten und der Rezepte, die die Einwanderer mitbrachten

> **Es gibt kein kanadisches Nationalgericht. Zu unterschiedlich waren die Einwanderergruppen, die aus allen Kontinenten dorthin kamen, zu groß war das Land. So macht die Vielfalt der Spezialitäten bis heute den Reiz der multikulturellen Essensfreuden in Westkanada aus.**
In allen größeren Städten finden Sie gute chinesische, indische, italienische und oft auch deutsche Restaurants. Sehr beliebt ist auch Sushi, das gerade an der Westküste von bester Qualität ist. Daneben fehlen jedoch nicht die typischen Gerichte, für die Westkanada bekannt ist: Steaks und frischer Lachs in allen Variationen.

Natürlich werden Sie auch in Kanada mit dem üblichen Fastfood-Einerlei von Hamburgern und Grillhühnern konfrontiert. Überall finden Sie Schnellrestaurants, in denen Frühstücks- und Mittagsgerichte angeboten werden. Aber wenn Sie vor den Neonreklamen an den Einfalls-

Bild: Stanlay Park mit Blick auf Vancouvers Skyline

ESSEN & TRINKEN

straßen standhaft bleiben und die kleineren Lokale mit *home cooking* aufsuchen, die kleinen Fischhäuser auf Vancouver Island, die rustikalen Lodges in der Wildnis oder die ethnischen Restaurants der Städte, dann werden Sie angenehm überrascht.

In Alberta müssen Sie Steak probieren – im Restaurant oder selbst gegrillt auf dem Campingplatz. Das Fleisch der auf den riesigen Ranches frei lebenden Rinder ist unübertreff-

lich, und die Portionen sind für hungrige Holzfäller ausgelegt. Westlich der Rocky Mountains locken vor allem frische Meeresfrüchte, die auf Vancouver Island und entlang der Sunshine Coast nördlich von Vancouver frisch auf den Tisch kommen. Eine pochierte oder gegrillte Lachsschnitte (am besten vom Silberlachs) mit frischem Gemüse aus dem Fraser Valley und einem guten Weißwein aus dem sonnenreichen Okanagan-

Tal gehört zum Feinsten, was Kanada bieten kann.

In Anlehnung an die wegweisende *California Cuisine,* die während der 1970er-Jahre in San Francisco und Los Angeles entstand, hat sich vor allem in Vancouver und Victoria eine *Pacific Northwest Cuisine* entwickelt. Zubereitungsarten und Gewürze stammen aus allen Regionen der Welt – aus Frankreich ebenso wie aus Fernost. Die Grundprodukte kommen jedoch konsequent aus der eigenen Region: Salat aus dem Fraser Valley, süße Pfirsiche, Äpfel und Trauben aus dem Okanagan-Tal, Krabben, Heilbutt und Lachs aus dem Pazifik vor der Haustür.

Die talentierten jungen Köche verstehen es sehr wohl, die unterschiedlichen Geschmäcker harmonieren zu lassen. Und manchmal besinnen sie sich sogar auf ganz traditionelle Kochkünste: Dann wird der Lachs nach indianischer Art auf Holzplanken gegrillt, und zum Nachtisch gibt

> SPEZIALITÄTEN

Genießen Sie die typische Küche von Kanadas Westen!

bannock – in der Pfanne gebackenes, schottisch-indianisches Brot
Caesar – ein mit Selleriesalz gewürzter Drink aus Wodka und Muschelsaft
Caesar salad – Salat mit Parmesan-Anchovis-Dressing
cedar planked salmon – Lachs, auf indianische Art über einem feuchten Holzbrett gedünstet

chicken/buffalo wings – kross gebratene, meist scharf gewürzte Hähnchenflügel (als Vorspeise, Foto)

clam/seafood chowder – sämige Muschel-/Fischsuppe
Dungeness crab – 2–3 Pfund schwere Krebsart
eggs over easy – Spiegeleier einmal gewendet
eggs sunny side up – Spiegeleier
filet mignon – Filetsteak
French toast – Brotscheiben in Eihülle (arme Ritter)
garlic mashed potatoes – Kartoffelbrei mit Knoblauch
hash browns – fein geraspelte Bratkartoffeln
New York steak – Steak mit Fettrand
pancakes (flapjacks) with maple sirup – Pfannkuchen mit Ahornsirup
prime rib – sehr zarte, dicke Bratenscheibe (das Beste vom Rind)
rib eye steak – besonders saftiges Steak aus der Hochrippe (mit Fett marmoriert)
scallops – Jakobsmuscheln
sirloin steak – zartes Lendensteak
turkey with stuffing – Truthahn mit Füllung

ESSEN & TRINKEN

es Eis mit Beeren aus den heimischen Wäldern.

Zum Frühstück geht man meist in den Coffeeshop. Entweder nehmen Sie dort das kleine *continental breakfast* (Saft, Kaffee, Toast mit Marmelade) oder bestellen ein großes *American breakfast* mit Eiern und Speck. Kaffee – oft sehr herzfreundlich dünn aufgebrüht – wird kostenlos nachgeschenkt. Zum Lunch essen die Kanadier nur kleinere Gerichte, z. B. Salat, eine Suppe oder ein Sandwich, die auf einer separaten Speisekarte *(lunch menu)* aufgeführt sind. Das Abendessen *(dinner)* bringt man in ländlichen Regionen bereits zwischen 17.30 und 19 Uhr auf den Tisch, in den größeren Städten etwa von 19 bis 22 Uhr. Zu den Besonderheiten gehört, dass Sie in den meisten Restaurants einen Tisch zugewiesen bekommen. Ein Schild am Eingang zeigt dies an: *Please wait to be seated.*

Die Restaurantrechnung enthält weder die Steuer *(tax),* die von Provinz zu Provinz unterschiedlich ausfällt, noch das Bedienungsgeld *(tip),* das man nach dem Bezahlen auf dem Tisch liegen lässt (15–20 Prozent vom Rechnungsbetrag).

Wenn es ein Nationalgetränk in Kanada gibt, dann ist es das Bier – ein im Vergleich zum wässrigen US-amerikanischen sogar sehr süffiges, würziges Bier. *Molson Canadian* oder *Labatt's Blue* gibt es überall im Land, Spezialbiere wie *Kokanee* nur in manchen Regionen und größeren Bars. Wein bekommen Sie oft nur in besseren Restaurants, und dann meist gute Tropfen aus Kalifornien. Dabei kann sich der heimische Wein, z. B. aus dem Okanagan Valley, durchaus

Kanada ist multikulturell – auch im Angebot internationaler Gaumenfreuden

sehen lassen. Möchten Sie hochprozentige Getränke, können Sie auf den exzellenten kanadischen Whiskey zurückgreifen, der entweder auf Eis *(on the rocks)* oder wie auch Rum oder Gin in vielerlei Mixgetränken serviert wird. Spezialität des Nordens ist *Yukon Jack,* ein umwerfend starker Whiskeylikör für die langen, kalten Winternächte.

Neben den üblichen Hotelbars finden Sie vor allem im Westen viele rustikale Bars mit Pooltisch und langem Tresen: oft der beste Platz, um *locals,* Einheimische, kennenzulernen. Eine kanadische Besonderheit ist das *cabaret:* kein Kabarett, wie man erwarten möchte, sondern eine größere Bar, in der häufig am Wochenende eine Band Country- & Western-Musik spielt.

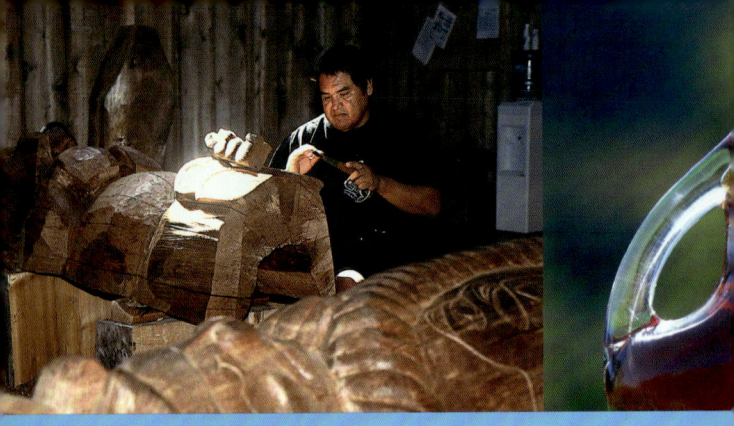

KUNST DER UREINWOHNER

Indianische Schnitzereien und Skulpturen der Inuit sind
beliebt – und teuer, aber es gibt noch mehr

> Der Westen Kanadas ist zwar nicht unbedingt ein gefeiertes Shoppingziel, doch einmal vor Ort, verlockt die breite Auswahl dann doch: Vor allem Freizeitkleidung, Sportschuhe und Sportartikel sind – selbst wenn der Kurs des kanadischen Dollars nicht besonders günstig steht – preiswerter als in Europa. Und bei den fast ständig angepriesenen Schlussverkäufen der großen Ladenketten können Sie oft Schnäppchen entdecken.

Teurer, aber bei modebewussten Kids sehr angesagt sind kanadische Marken für Sportkleidung wie *Lululemon Athletica* oder *Roots Canada,* deren Designer auch das kanadische Olympiateam einkleiden.

Moderne Einkaufszentren und Boutiquen finden Sie in allen größeren Städten. Schön zum Bummeln und Shoppen sind die in den letzten Jahrzehnten wieder belebten alten Hafenviertel: So wurden etwa Granville Island in Vancouver oder auch die Altstadt von Victoria zu beliebten Shoppingbezirken mit Lokalen, Kunstgalerien und Straßencafés.

Im Hinterland abseits der Metropolen nimmt dagegen das Einkaufsangebot sehr schnell ab. Ein kleiner Lebensmittelladen *(general store)*, der auch Schuhe, Motorsägen und Spaten verkauft, muss in vielen kleinen Orten für alle Wünsche ausreichen. Es lohnt sich daher, vor einer längeren Tour über Land oder in den Norden den Camper mit Lebensmitteln und Ausrüstung vollzupacken. Je weiter man nach Norden kommt, desto teurer werden zudem die Einkäufe für den täglichen Bedarf.

KULINARISCHES

Beliebte Mitbringsel sind vor allem Produkte des Landes: Marmelade oder Wein aus dem Okanagan Valley oder geräucherter Lachs von der Westküste. Honig von Wildblumen aus den Prärien oder geräucherter Lachs von der Westküste. Dabei gibt es den Lachs auch in ungewöhnlichen Zubereitungen: als geräuchertes Mousse in Dosen oder als sehr leckeren, süß geräucherten *Indian Candy.*

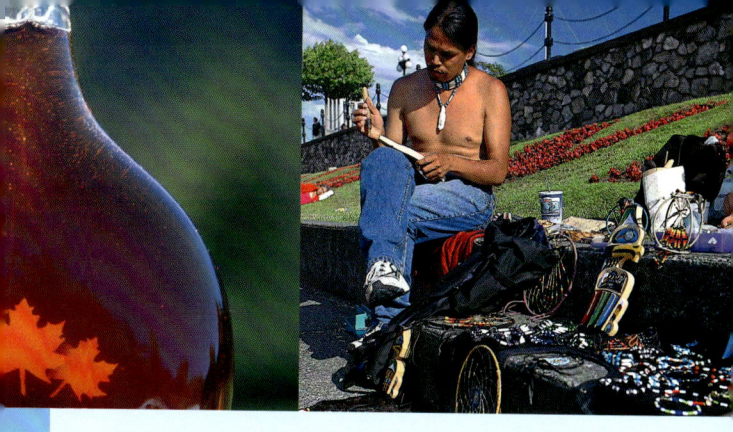

> EINKAUFEN

Süß ist auch das berühmteste kanadische Mitbringsel: *Maple Sirup.* Der eingedickte Saft der Ahornbäume stammt zwar aus dem Osten des Landes, gehört aber auch im Westen zu jedem zünftigen Pancake-Frühstück.

KUNSTHANDWERK

In den Küstenorten von Vancouver Island und in Vancouver finden Sie die schönen, grob gestrickten Cowichan-Pullover und allerlei Kunsthandwerk aus Holz, Ton und Keramik. Vor allem auf den Gulf Islands vor Vancouver leben zahlreiche Künstler, die zumeist ihre Arbeiten in den Galerien von Victoria ausstellen.

Ideale Souvenirs aus Alberta sind Artikel, die mit dem Cowboy-Image zu tun haben: feine Stetsonhüte, silberne Gürtelschnallen oder handgearbeitete Stiefel. Zahlreiche Westernläden bieten hier eine gute Auswahl, und man kann sich die Stiefel sogar nach Maß fertigen lassen. Überall in Alberta und British Columbia gibt es auch die typischen großkarierten Holzfällerhemden, die schon während der Reise als stichfester Schutz vor den Moskitos gute Dienste leisten.

KUNST DER UREINWOHNER

Beliebt aber nicht billig ist Kunsthandwerk der Indianer und Inuit, am besten zu erstehen direkt in den Reservaten, in renommierten Galerien oder den Läden der großen Museen. Die Stämme der Westküste, einst berühmt für ihre Totempfähle, schnitzen heute kleinere Objekte wie etwa Masken oder Schalen und übertragen die stilisierten Tiersymbole ihrer Kunsttradition auf Silberschmuck und Zeichnungen. Indianer im Binnenland und im Norden fertigen in alter Tradition Moccasins aus Elchleder oder auch geflochtene, mit Stachelschweinborsten verzierte Körbe und perlenbestickte Lederjacken.

Die Inuit der Arktis schließlich sind berühmt für ihre schönen Skulpturen aus Speckstein und Knochen von Walen oder Karibus, die auch in den Galerien der Großstädte verkauft werden (zu Preisen ab ca. 300 $).

![Vancouver skyline with boat on the water and Burrard Bridge]

> DIE SCHÖNSTE IM LAND

Juwel des Pazifiks: Meer und Berge bestimmen das Bild der
Kulturmetropole Westkanadas

 KARTE IN DER HINTEREN UMSCHLAGKLAPPE

> Ein schönerer Auftakt als Vancouver [131 D5], die „Perle Kanadas am Pazifik", lässt sich für eine Rundfahrt durch den Westen kaum vorstellen.

Was für die West Coast der USA San Francisco ist, das ist Vancouver für die grüne Westküste Kanadas: eine junge, lebensfrohe Stadt mit hinreißendem Charme und lässigem, europäisch-internationalem Flair, eine dynamische Metropole vor einer dramatischen Kulisse tiefgrüner Berge im breiten Flussdelta des Fraser River, mit restaurierten viktorianischen Häuserzeilen, weitläufigen Parks, Badestränden und viel unberührter Natur im Umland.

Mit rund 2,2 Mio. Einwohnern im Ballungsraum des Fraser-Deltas ist Vancouver heute die größte Stadt Westkanadas und mit mehr als 150 km langen Hafenanlagen das

Bild: Granville Island und Burrard Bridge

VANCOUVER

wichtigste Wirtschafts- und Handelszentrum am Pazifik. Zwei renommierte Universitäten, zahlreiche Museen, Theater und Galerien machen sie außerdem zum kulturellen Nabel Westkanadas. In den letzten Jahren wurden hier so viele Filme und Fernsehserien gedreht, dass die Stadt mittlerweile schon den Spitznamen „Hollywood North" bekommen hat.

Dabei ist diese dynamische Metropole noch verblüffend jung. Nur gewaltige Douglasienwälder gab es hier, als Captain George Vancouver 1792 die Mündung des Fraser River in den Pazifik entdeckte – und gleich wieder weitersegelte. Erst um 1860 entstand ein kleines Holzfällercamp am Ufer des Burrard Inlet. Als dann 1886 der Endbahnhof der transkontinentalen Eisenbahn hier gebaut wurde, war das Wachstum Vancouvers nicht mehr zu stoppen. Bei der Weltausstellung 1986 zeigte die

Stadt, was aus ihr geworden war: eine sehr lebenswerte, naturnahe Metropole, eine Oase feiner Stadtkultur inmitten der Wildnis Westkanadas.

ten Sie einen der Vancouver Trolleys besteigen, die auf einer festen Route alle Attraktionen der Innenstadt anfahren. Sie können ein- und aussteigen, wo immer Sie wollen – alle 30

Angelegt nach traditionellen Vorbildern: Dr. Sun Yat-Sen Classical Chinese Garden

Zwei Tage sollten Sie sich mindestens Zeit lassen für Vancouver: einen Tag für einen ausgedehnten Bummel durch die Innenstadt und einen für eine Rundfahrt zu den Museen und Attraktionen in den Außenbezirken.

■ SEHENSWERTES

Einen ersten Überblick bietet Ihnen die Aussichtsterrasse *The Lookout* im ☀ *Harbour Centre* [U E3] an der Hastings Street oder – noch umfassender – eine Gondelfahrt auf den ☀ *Grouse Mountain* in North Vancouver. Zurück auf dem Boden soll-

Minuten kommt ein Bus vorbei *(tgl. 9–18 Uhr | Fahrpreis 35 $).*

CANADA PLACE ★ [U E3]

Während der Expo '86 war der vom Stararchitekten Ed Zeidler mit einem schneeweißen Zeltdach überbaute Pier der Pavillon Kanadas. Heute lässt es sich hier herrlich flanieren, den Kreuzfahrtschiffen zusehen und von der ☀ Spitze des Piers den Blick über den Hafen und die Berge genießen. Imax-Kino im Inneren *(Kinoeintritt ab 12 $). Cordova St./ Howe St.*

❯ www.marcopolo.de/kanada-west

CAPILANO SUSPENSION BRIDGE 🔆 [O]

Eine schwankende, knapp 140 m lange Hängebrücke über einen 70 m tiefen Canyon mit Totempfahlpark und ein Lehrpfad durch die Wipfel des Urwaldes. Doch leider ist diese Attraktion auch eine überteuerte Touristenfalle mit riesigem Souvenirshop – aber aufregend. *Im Sommer tgl. 9–21, sonst 9–17 Uhr | Eintritt 25 $ | North Vancouver | Capilano Rd.*

CHINATOWN [U F4]

Im Viertel um die Pender und Main Street befindet sich die nach der Chinatown in San Francisco größte chinesische Siedlung Nordamerikas. Sehenswert ist der *Dr. Sun Yat-Sen Classical Chinese Garden* an der Carrall Street, eine traditionelle chinesische Gartenanlage. Freitag- bis Sonntagabend ist um Main/Keefer Street *Night Market* mit vielen Verkaufsständen.

Ebenfalls einen Blick wert: der topmoderne ==*T & T Supermarket* (Ecke Keefer/Abbott St.)==, der alle nur denkbaren Gewürze und Waren Asiens anbietet. Direkt nebenan liegt um die Hastings Street das Viertel der Stadtstreicher – nicht gefährlich, aber auch nicht schön.

GASTOWN [U E4]

Entlang der Water Street hat man die Altstadt Vancouvers restauriert. In den alten Backsteinbauten befinden sich heute Läden, Restaurants und Kunstgalerien. Witzige Attraktion ist die viertelstündlich tutende *Steam Clock* an der Ecke Cambie Street, die über das städtische Fernwärmenetz betrieben wird. Etwas östlich an der Kreuzung Water/Carrall Street steht eine Statue für den Stadtgründer John „Gassy Jack" Deighton, der 1867 hier angeblich das erste Haus Vancouvers baute – einen Saloon. Gleich dahinter liegt der ==hübsche Innenhof der== *Gaoler's Mews* (12 Water St.). **Insider Tipp**

GRANVILLE ISLAND [U B–C6]

Das restaurierte Hafenviertel unter der Granville Bridge zeigt Vancouver von einer sehr schönen Seite: Sie können über den berühmten *Public Market* bummeln, bunte Kunstläden wie die *Gallery of BC Ceramics (1359 Cartwright St.)* besuchen und Eiscreme mit Blick auf Hausboote und Skyline essen. Nicht verpassen: ==Railspur Alley== mit Künstlerwerkstätten, innovativen Galerien und einem kleinen Café. **Insider Tipp**

MARCO POLO HIGHLIGHTS

⭐ **Canada Place**
Ein Relikt der Expo von 1986: Hafenpromenade, Cafés und herrliche Ausblicke (Seite 32)

⭐ **Stanley Park**
Der schönste Stadtpark Kanadas – ideal für eine Radtour (Seite 34)

⭐ **UBC Museum of Anthropology**
Originale Totempfähle und indianische Masken der Nordwestküsten-Indianer (Seite 34)

⭐ **Bridges**
Beliebter Treff am Spätnachmittag – Blick aufs Wasser und schicke Szene (Seite 35)

MARITIME MUSEUM [U A5]

Schmuckstück ist die „St. Roch", ein arktisches Patrouillenschiff. Der hölzerne Schoner durchquerte mehrmals die Nordwestpassage. *Juni–Sept. tgl. 10–17 Uhr, sonst nur Di–So | Eintritt 10 $ | 1100 Chestnut St.*

QUEEN ELIZABETH PARK ☼ [0]

Schöne Gartenanlage in einem alten Steinbruch. Ausgezeichnetes Pano-

Fotos von ihnen gehen rund um die Welt: die Totempfähle im Stanley Park

rama auf Vancouver. Der Kuppelbau an der Spitze des Hügels birgt einen botanischen Garten, das *Bloedel Conservatory (Eintritt 4,60 $). Cambie St./33rd Ave.*

STANLEY PARK ★ ☼ [U A–D1]

Herrlicher, von Wasser umsäumter Stadtpark mit Wanderwegen und Picknickplätzen. Hier stehen neben originalen Totempfählen auch die letzten Urwalddouglasien der Innenstadt. Die 1938 erbaute *Lions Gate Bridge* an der Nordspitze des Parks verbindet die Stadt mit North Vancouver. Das *Vancouver Aquarium* im Inneren des 4 km² großen Parks lockt mit Belugawalen, Seeottern und einer Ausstellung über die Wanderung der Lachse *(im Sommer tgl. 9.30–19, sonst 9–17 Uhr | Eintritt 20 $).* Auf dem 10 km langen *Stanley Park Drive* (Einbahnstraße) können Sie die Halbinsel, auf der der Park liegt, umrunden – am besten mit dem Fahrrad *(Vermietung nahe dem Eingang an der Denman St. | 17–35 $ für einen halben Tag).*

UBC MUSEUM OF ANTHROPOLOGY ★ [0]

Der eigenwillige Museumsbau von Arthur Erickson auf dem Gelände der University of British Columbia birgt eine bedeutende Sammlung von Totempfählen und Masken der Nordwestküsten-Indianer. Schöne historische Schnitzereien aus Argyllit sowie moderne Werke von Bill Reid. *Im Sommer tgl. 10–17, Do bis 21, Okt. bis Mitte Mai 11–17 Uhr und Mo geschl. | Eintritt 9 $ | 6393 NW Marine Dr.*

VANCOUVER MUSEUM [U A5]

Der große Rundbau am Ufer der English Bay präsentiert die Stadtgeschichte Vancouvers sowie Naturgeschichte und indianisches Kunsthandwerk. Daran angeschlossen ist das *MacMillan Space Centre & Planetarium*, das abends auch Lasershows zeigt. *Tgl. 10–17, Do bis 21 Uhr; im Winter Mo geschl. | Eintritt 10 $ | 1100 Chestnut St.*

VAN DUSEN BOTANICAL GARDEN [0]

220000 m² Blumen und Wäldchen, idyllische Wege und kleine Seen. Besonders farbenprächtig zeigt sich der Garten von Mai bis Juli. *Tgl. 10 Uhr bis Sonnenuntergang | Eintritt 8,50 $ | 5251 Oak St.*

YALETOWN ▶▶ [U D5]

Das neue Szeneviertel der City: Tagsüber locken entlang Hamilton und Mainland Street witzige Boutiquen, abends schicke Restaurants, Braukneipen und Bars.

ESSEN & TRINKEN

BRIDGES ⭐ ✧▶▶ [U B6]

Beliebtes Bistro mit großer Terrasse am Wasser und wunderbarem Blick auf die Stadt. *1696 Duranleau St. | Granville Island | Tel. 604/687-44 00 | www.bridgesrestaurant.com | €–€€€*

FLOATA [U E4]

Authentisches Chinalokal im Trubel des Chinesenviertels. Mittags gibts Dim Sum. *180 Keefer St. | Tel. 604/602-03 68 | €*

HAMBURGER MARY'S [U B4]

Gemütlicher Coffeeshop im Szeneviertel Westend. Auch gutes Frühstück. *1202 Davie St. | Tel. 604/687-12 93 | €*

MILL MARINE BISTRO ✧ [U C2]

Ideal für eine Pause mit Hafenblick an der neuen Promenade am Coal Harbour. *1199 W Cordova St. | Tel. 604/687-64 55 | €–€€*

THE SANDBAR [U C6]

Exzellenter Fisch in allen Variationen, große Bar und beheizte Dachterrasse mit Kamin über dem False Creek. *Granville Island | 1535 Johnston St. | Tel. 604/669-90 30 | €€*

SO.CIAL ▶▶ [U E4]

Ein schickes Bistro am Eingang zu Gastown. Beste kanadische Küche – mit angeschlossener Metzgerei. *332 Water St. | Tel. 604/669-44 88 | €€*

EINKAUFEN

Hauptgeschäftsstraße ist die quirlige *Robson Street*. Nördlich des Robson Square stehen die großen Kaufhäuser wie Sears und The Bay. *Granville Island* und der *Lonsdale Quay Market* locken mit Märkten, Cafés und originellen Läden.

ÜBERNACHTEN

CENTURY PLAZA [U C4]

Ein solides Mittelklassehotel nur wenige Schritte von der Robson Street

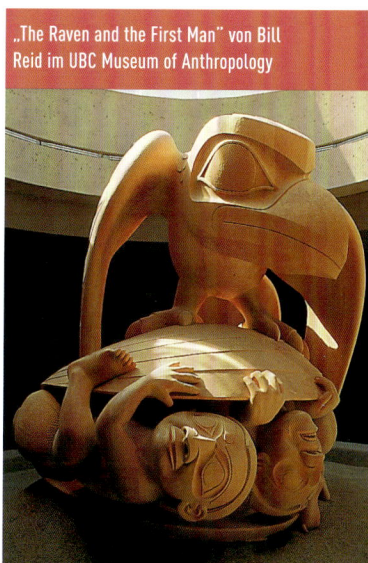

„The Raven and the First Man" von Bill Reid im UBC Museum of Anthropology

>LOW BUDGET

> Wer viele Attraktionen in und um Vancouver besichtigen möchte, sollte eine *Smartvisit Card* in Betracht ziehen. Museen, Stadtrundfahrten, Imaxkino und sogar Tagesausflüge etwa nach Whistler sind inklusive. *1 Tag 59 $, 5 Tage 209 $ | www.seevancouvercard.com*

> Asiatische Küche ist vor allem zu Mittag supergünstig. Am Westende der *Robson St.*, an *Denman* und *Davie Sts.* gibt es in zahlreichen koreanischen und japanischen Lokalen für 6–10 $ einen großen Tablett voll Sushi und anderer Spezialitäten, so auch im schlichten, aber sehr guten *Samurai Japanese Restaurant (1108 Davie St. | Tel. 604/609-00 78).*

> Der schönste Blick auf Vancouver, Burrard Inlet und den Hafen kostet nur 3,75 $: eine Fährfahrt mit dem ☆ *SeaBus* von der Waterfront Station nach Lonsdale am Nordufer der Stadt. Die Tageskarte *(9 $)* beinhaltet Rückfahrt und alle Busse in der Stadt.

> Kostenlos und hautnah ist der Lebenszyklus der Lachse in der *Capilano Salmon Hatchery* zu beobachten: Schautafeln, Lachsleiter mit Unterwasserfenstern. Ab Mitte August kehren die erwachsenen Lachse zurück. *Im Sommer tgl. 8–20 Uhr | Capilano Park Rd. | North Vancouver*

> Beim Schalter von *Tickets Tonight* im *Vancouver InfoCenter* erhalten Sie Karten zum halben Preis für Aufführungen am selben Abend.

> Dienstags 17–21 Uhr ist die *Vancouver Art Gallery* kostenlos zu besuchen, und das hervorragende *UBC Museum of Anthropology* für nur 5 $ Eintritt.

entfernt. *236 Zi. | 1015 Burrard St. | Tel. 604/687-05 75 | www.centuryplaza.com | €€*

FAIRMONT WATERFRONT ☆ [U D3]

Luxushotel in bester Lage zwischen Hafen und Gastown und mit schönem Blick über das Burrard Inlet. *489 Zi. | 900 Canada Place Way | Tel. 604/691-19 91 | www.fairmont.com | €€€*

LISTEL VANCOUVER [U C3]

Modern gestyltes Motel im Herzen der City. Abends guter Jazz im Restaurant. *130 Zi. | 1300 Robson St. | Tel. 604/684-84 61 | www.thelistelhotel.com | €€–€€€*

PACIFIC PALISADES ☆ [U C3]

Trendy und schick: ein renoviertes Turmhotel mitten im Zentrum. 233 große Zimmer mit Designmobiliar und jungem Flair. *1277 Robson St. | Tel. 604/688-04 61 | www.pacificpalisadeshotel.com | €€–€€€*

SYLVIA [U A3]

Älteres, charmantes Mittelklassehotel im Westend, direkt am Strand der English Bay. *119 Zi. | 1154 Gilford St. | Tel. 604/681-93 21 | www.sylviahotel.com | €–€€*

■ FREIZEIT & SPORT

STRÄNDE

Das Wasser des Pazifiks ist zwar auch im Sommer relativ kühl, aber an den Stränden der *English Bay* lässt es sich zumindest plantschen und sonnenbaden. Die schönsten Strände liegen westlich der Innenstadt in *Kitsilano Beach* (Beachvolleyball) und *Jericho Beach.*

VANCOUVER

Kitsilano Beach ist Vancouvers schönster Strand, beliebt nicht nur bei Beachvolleyballern

AM ABEND

Zahlreiche aktuelle Hinweise auf Clubs und Konzerte finden Sie in der Wochenzeitschrift „Georgia Straight", der Monatszeitschrift „Vancouver Guideline" sowie in der Wochenendausgabe der „Vancouver Sun". Karten für Konzerte, Theateraufführungen und auch Sportereignisse erhalten Sie bei *TicketMaster* im *Vancouver Tourist Info Centre (Waterfront Centre | 200 Burrard St. | Tel. 604/280-44 44).*

Das Nachtleben der Downtown konzentriert sich im Westend um die *Denman Street* sowie in dem lebendigen Lagerhallen- und Szeneviertel ▶▶ *Yaletown.* Dort findet sich auch die beliebte Braukneipe *Yaletown Brewing Co.* [U D5] *(1111 Mainland St., auch Restaurant).*

Die beste Martinibar der Stadt ist ▶▶ *Delilah* [U B3] *(1789 Comox St.),* und die Jugend Vancouvers trifft sich im ▶▶ *Commodore Ballroom* [U D4] zu Reggae, Deep-House, Funk – jeden Abend spielt eine andere Band live *(868 Granville St.).*

AUSKUNFT

VANCOUVER TOURIST INFO CENTRE [U D3] Mehrsprachiges Personal. Zimmervermittlung, Ticketservice, Sightseeingtouren. *Waterfront Centre | 200 Burrard St. | Tel. 604/683-20 00 | Fax 682-68 39 | www.tourismvancouver.org*

ZIEL IN DER UMGEBUNG

LANGLEY [131 E5]

Fort Langley, das alte Pelzhändlerfort am Fraser River, liegt ca. 50 km östlich am Highway 1 und ist heute ein Museumsdorf. Die „Bewohner" des alten Handelspostens führen Ihnen in zeitgenössischen Kostümen vor, wie das raue Alltagsleben während der Trapperzeit des 19. Jhs. aussah *(Juli/Aug. tgl. 9–20, sonst 10–17 Uhr | Eintritt 7 $).*

Einen Bummel verdient gleich nebenan auch das zugehörige Städtchen. An der pittoresken, von alten Bäumen überschatteten Hauptstraße Glover Road liegen zahlreiche Antikläden, Boutiquen und nette Lokale wie das *Lamplighter Café (9213 Glover Rd. | Tel. 604/888-64 64 | €€).*

Insider Tipp

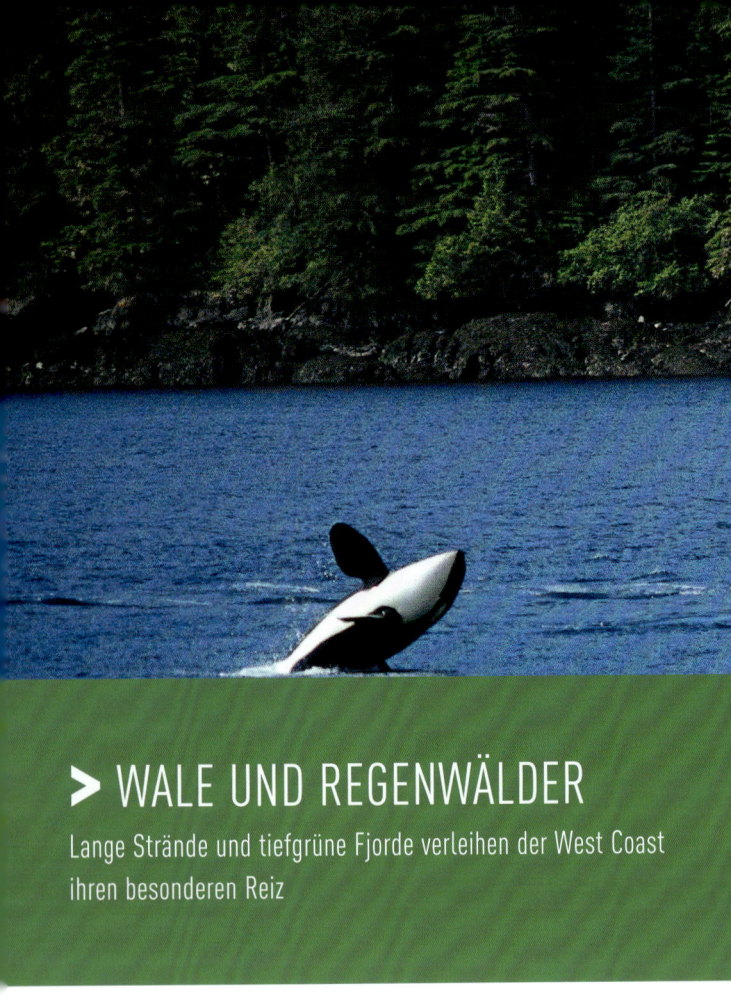

> WALE UND REGENWÄLDER

Lange Strände und tiefgrüne Fjorde verleihen der West Coast ihren besonderen Reiz

> Vancouver Island – mit 450 km Länge die größte Insel an der Westküste Nordamerikas – ist eine Welt für sich: eine faszinierende Urlandschaft mit tiefen Fjorden und über 2000 m hohen Bergen, mit stillen Buchten und wildromantischen Stränden.

Die Insel bezaubert vor allem durch ihre Kontraste: verschlafene Fischerdörfer, Indianerreservate und Holzfällercamps im wenig erschlossenen Norden, quirlige Ferienstädtchen und die elegante Provinzhauptstadt Victoria im Süden. Vor allem aber ist die Insel ideal für einen Urlaub in und mit der Natur.

Bis heute führt nur eine einzige Straße, der Island Highway 19, von Süden nach Norden die ganze Insel entlang. Sie verläuft zum größten Teil an der durch ein lang gezogenes Bergmassiv geschützten Ostküste. Die wilde, regenreiche Westküste, an der auch der Pacific Rim National

> www.marcopolo.de/kanada-west

VANCOUVER ISLAND

Park mit seinen einzigartigen Regenwäldern und zerklüfteten Felsen liegt, ist bis heute fast unzugänglich – und damit ein Traumrevier für Wildniswanderer und Kajakfahrer.

Die milde Ostküste hingegen ist gut erschlossen und bekannt für ihre Badestrände – jawohl, tatsächlich Badestrände, denn das flache Wasser der Strait of Georgia, die die Insel vom Festland trennt, wärmt sich im Sommer angenehm auf.

CAMPBELL RIVER

[130 C5] Passionierte Angler bekommen glänzende Augen, wenn der Name dieser Hafenstadt (28 000 Ew.), einer der größten Städte auf Vancouver Island, fällt. Hier, im zentralen Teil der Insel, werden jeden Sommer die größten Lachse Kanadas gefangen. 30 kg schwere Königslachse sind dabei keine Seltenheit. Der Sund ist während der Hochsaison betupft mit zahllosen Booten. *Quadra Island,* eine vorgelagerte Insel, die mit einer Fähre erreicht werden kann, ist ein Reservat der Kwakiutl-Indianer.

■ SEHENSWERTES ■

Insider Tipp

KWAGIULTH MUSEUM

Das sehr geschmackvoll gestaltete Museum ist ein wahres Schatzkästlein für indianische Masken der Kwakiutl. *Im Sommer Mo–Sa 10–16.30, So 12–16.30 Uhr | Eintritt 5 $ | Cape Mudge | Quadra Island*

Von Cowichan-Indianern geschnitzte Totempfähle bevölkern das Städtchen Duncan

■ ÜBERNACHTEN ■

CAMPBELL RIVER TRAVELODGE

Einfaches Standardmotel am Südrand des Orts – aber mit Swimmingpool. *39 Zi. | 340 South Island Hwy. | Tel. 250/286-66 22 | www.travelodge campbellriver.com | €–€€*

TSA-KWA-LUTEN LODGE

Von Indianern geführte Blockhüttenlodge, dekoriert mit Schnitzereien. Auch Campingplatz. *35 Zi. | Quadra Island | Tel. 250/285-20 42 | www. capemudgeresort.bc.ca | €€–€€€*

■ ZIEL IN DER UMGEBUNG ■

STRATHCONA PROV. PARK　[130 C5]

Vor allem für Wanderer ist der große Park, der älteste Provincial Park in British Columbia, 50 km westlich von Campbell River hoch in den Bergen interessant: Ein gut ausgebautes Netz von Wegen führt von den zwei Straßen im Park hinauf in die alpinen Regionen. Der *Golden Hinde* ist mit 2500 m der höchste Berg. Besonders schön: die Tour zur *Flower Ridge* am Südende des *Buttle Lake.*

Eine gemütliche Unterkunft am Ufer des Upper Campbell Lake ist die *Strathcona Park Lodge* mit Sportangebot für Wanderer, Kanuten und Bergsteiger. *46 Zi., Ferienhäuser und Chalets | Campbell River | Tel. 250/286-31 22 | www.strathcona.bc.ca | €€*

DUNCAN

[131 D6] Das Landstädtchen (5000 Ew.) im fruchtbaren Cowichan Valley war nichts Besonderes, bis sich die Cowichan-Indianer des angrenzenden Reservats auf ihre Traditionen besannen, ein Kulturzentrum gründeten und begannen, Totempfähle zu schnitzen. Überall im Ort stehen nun bunt bemalte Pfähle – von den Weißen im Ort heute als Geld bringende Touristenattraktionen hoch geschätzt.

■ SEHENSWERTES ■

B. C. FOREST DISCOVERY CENTER

Von alten Kettensägen über ein Sägewerk bis zu einem Holzfällercamp ist in diesem Freilichtmuseum alles über die *lumberjacks* (Holzfäller) zusammengetragen. *Mai–Sept. tgl. 10–18 Uhr | Eintritt inkl. Fahrt mit einer alten Dampfbahn 14 $ | am nördl. Stadtrand | Hwy. 1 | www.bcforest museum.com*

QUW'UTSUN' CULTURAL CENTRE

Großes Kulturzentrum der Cowichan-Indianer. Tanzvorführungen. Cafe mit indianischen Gerichten. *Im Sommer Mo–Fr 10–17, Sa/So 10–16 Uhr | Eintritt 7 $ | 200 Cowichan Way*

NANAIMO

[131 D5] **Nanaimo ist der nördliche Fährhafen für die Schiffe zum Festland und guter Ausgangspunkt für Touren im zentralen Teil der Insel.** Die 70000-Einwohner-Stadt, die zweitgrößte auf Vancouver Island, wartet auf mit gepflegten Yachthäfen, hübscher Hafenpromenade und zahlreichen Parks entlang der Küste. Übernachtungstipp für ein komfortables, sauberes Motel nahe der Fähre vom Festland: *Buccaneer Inn (13 Zi. | 1577 Stewart Ave. | Tel. 250/753-12 46 | €).*

■ ZIELE IN DER UMGEBUNG ■

GULF ISLANDS [130–131 C–D4–6]

Ein ganzer Archipel kleinerer Inseln liegt zwischen Vancouver Island und dem Festland. *Saltspring, Galiano* und *Gabriola* sind die wichtigsten – mit Fähren von Swartz Bay, Crofton oder Nanaimo aus zu erreichen. Das Klima ist hier besonders mild und sonnig – teilweise wachsen sogar Palmen! Künstler, Schriftsteller und Kunsthandwerker haben sich bevorzugt hier niedergelassen. Am schönsten ist es, wenn Sie die Inseln per Fahrrad erobern: Mit den Fähren gelangt man schnell von Insel zu Insel, und auf den teilweise sogar autofreien Eilanden ist das Rad ohnehin das beste Verkehrsmittel.

PARKSVILLE [131 D5]

Die Reize Nanaimos liegen im Umland: Rund 25 km nach Norden gibt es um Parksville und *Qualicum*

MARCO POLO HIGHLIGHTS

★ **Pacific Rim National Park**
Baumriesen im Regenwald und wildromantische Strände entlang der West Coast (Seite 42)

★ **Inside Passage**
Stille Fjorde, blaues Wasser: die schönste Küste von ganz Kanada (Seite 44)

★ **Stubbs Island Whale Watching**
Besuch im Reich der Schwertwale (Seite 44)

★ **Royal British Columbia Museum**
Natur, Indianerkunst und Pioniergeschichte (Seite 46)

Beach sehr attraktive und vor allem warme Badestrände. Etwa 20 Minuten Fahrt auf dem Highway 4 ins Landesinnere, und Sie können im *MacMillan Provincial Park* mehr als 800 Jahre alte Douglasien, Zedern oder die Kaskaden der *Little Qualicum Falls* bestaunen (angelegte Wanderwege). Zum Übernachten empfiehlt sich die große Anlage des *Tigh-Na-Mara Resorts* etwas nördlich mit Blockhütten und Apartments direkt am Strand *(192 Zi. | 1155 Resort Drive | Tel. 250/248-20 72 | www.tigh-na-mara.com | €€–€€€).*

PACIFIC RIM NAT. PARK
[130–131 C–D5–6] ⭐ Die wohl schönsten und wildesten Abschnitte der West Coast hat man in diesem knapp 400 km² großen Park unter Schutz gestellt. Bewahrt wird so ein uralter Regenwald, zerklüftete Felsen und von Treibholz übersäte Strände wie etwa der 11 km lange, teils mehrere 100 m breite *Long Beach.*

Im *Museum and Centre* am ✿ *Wickaninnish Beach* bekommen Sie die Naturgeschichte dieser Region sehr ausführlich und kompetent erläutert (ausgezeichnetes Fischrestaurant im *Visitor Centre | Tel. 250/726-77 06 | €–€€).* Die freundlichen Ranger geben Tipps für Wanderungen. Besonders eindrucksvoll: Lehrpfade wie der *Rain Forest Trail.* Den Regenwald gibt es natürlich nicht von ungefähr – ein wasserdichter Umhang ist ein Muss für diese Region.

Für Wildniskajakfahrer ist der kleine Archipel der *Broken Group Islands* zu empfehlen, und Wildnis-

> BLOGS & PODCASTS
Gute Tagebücher und Files im Internet

> *www.cbc.ca/north* – Wie lebt man in einem Armeeposten fast am Nordpol? Wie klingt die Sprache *Gwich'in*? Reportage-Podcasts von CBC-Radio in den Nordterritorien Kanadas. Die besten Geschichten gibt's wöchentlich unter „The North this Week".

> *www.straight.com* – Vancouvers Szenemagazine unterhält mehrere Blogs über Music und News. Podcasts zum selben Thema bietet *vancouverpodcast.blogspot.com*

> *www.hockeynw.com* – Blogseite für Eishockeyfans: Alles über die Vancou-ver Canucks und viele Links zu anderen Seiten von Hockeyfans.

> *http://blog.urlaub-in-kanada.de* – Deutschssprachige Reiseblogs zu mehreren Provinzen Kanadas.

> *www.highlyobsessed.com* – Blog für Snowboarder und Mountainbiker mit vielen News aus der kanadischen Szene. Auch mit Links. Auf Englisch.

> *www.generation-kanada.de* – Deutsche Website des Fremdenverkehrsamtes mit News, Gewinnaktionen und Reisetipps für die Generation 50+. Mit Chatraum und Reiseblogs.

Für den Inhalt der Blogs & Podcasts übernimmt die MARCO POLO Redaktion keine Verantwortung.

wanderer mit guter Kondition können eine etwa einwöchige Tour auf dem 72 km langen *West Coast Trail* (Reservierung nötig, bis zu drei Monate vorab möglich, *Tel. 250/387-16 42*) von Port Renfrew nach Bamfield unternehmen. Von *Tofino* aus,

■ ÜBERNACHTEN ■

INN AT TOUGH CITY ✶

Sehr gepflegte Pension direkt über dem Hafen mit Blick auf Fjorde und Berge. Gute Sushi-Bar im Haus. *8 Zi. | 350 Main St. | Tofino | Tel. 250/725-20 21 | www.toughcity.com | €€*

Der Pacific Rim National Park ist einer von 42 Nationalparks in Kanada

dem kleinen Hafenort am Nordrand des Parks, können Sie Bootstouren zu abgelegenen Buchten und zur Walbeobachtung im *Clayoquot Sound* machen – neuester Trend ist die Bärenbeobachtung vom Boot aus, denn so kommt man gefahrlos ganz nah an die Raubtiere heran.

WICKANINNISH INN ✶

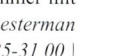

Traumhaft auf den Klippen gelegenes Ferienhotel mit eigenem Strand und tollem Restaurant. Ideal zum Verwöhnenlassen. Viele Zimmer mit Blick aufs Meer. *75 Zi. | Chesterman Beach | Tofino | Tel. 250/725-31 00 | www.wickinn.com | €€€*

■ ESSEN & TRINKEN ■

SOBO

Fabelhafte, ganz gesunde Westcoast-Küche. Gut und günstig zum Lunch. *311 Neill St. | Tel. 250/725-23 41 | €€ – €€€*

■ TOUREN ■

ATLEO RIVER AIR SERVICE

Touren per Wasserflugzeug über Fjorde, Gletscher und Wasserfälle. *50 Wingen Lane | Tel. 866/662-85 36 | www.atleoair.com*

BARKLEY SOUND SERVICE
Der ehemalige Frachter „M.V. Lady Rose" dient heute als Fährschiff im Barkley Sound. Ganztägige Fahrten von Port Alberni nach Ucluelet und Bamfield. Auch Transport von Wanderern zum West Coast Trail und Kajakfahrern zur *Broken Group Islands* (vorab reservieren). *Port Alberni | Tel. 250/723-83 13 | www.ladyrose marine.com*

JAMIE'S WHALING STATION
Motor- und Schlauchbootfahrten zur Beobachtung von Grau- und Killerwalen sowie Bären und zu heißen Quellen auf einer abgelegenen Insel. *Hwy. 4 | Ortseingang von Tofino | Tel. 604/725-39 19 | www.jamies.com*

PORT HARDY

[130 C4] Der geschäftige Hafen zeigt, dass die Stadt (4000 Ew.) im wilden Norden von Vancouver Island ein wichtiger Fischereistützpunkt ist. Für Besucher ist Port Hardy Startpunkt für die *Inside Passage* und für lohnende Ausflüge: Wale, Bären, Adler können auf Kajaktouren, Wanderungen, Flügen und Bootsfahrten beobachtet werden.

Zur Übernachtung mit schönem Hafenblick und oft auch Weisskopfseeadlern vor dem Fenster empfiehlt sich der gepflegte ✳ *Glen Lyon Inn (6435 Hardy Bay Rd. | Tel. 250/949-71 15 | www.glenlyoninn.com | €–€€).*

◼ ZIELE IN DER UMGEBUNG ◼
ALERT BAY   [130 C4]
Das 600-Einwohnerdorf auf einer kleinen vorgelagerten Insel rund 40 km südlich am Hwy. 19 (Fähre ab Port McNeill) ist die Heimat der Kwakwaka'wakw-Indianer *(Kwakiutl)*, die seit alters her für ihre besonders ausdrucksstarke Schnitzkunst bekannt sind. Um den Dorfplatz sind bunt bemalte alte Totempfähle zu bewundern. Die schönsten Erbstücke des Stammes, alte Masken und verzierte Truhen und Pfähle, werden im *U' Mista Cultural Centre* aufbewahrt. *Im Sommer tgl. 9–17 Uhr, sonst nur Mo–Fr | Eintritt 6 $ | www.ladyrosemarine.com*

INSIDE PASSAGE ⭐ ✳ [130 B-C 2-4]
Der 500 km lange, von Inseln geschützte Wasserweg entlang der Westküste war früher der Weg Tausender Abenteurer zu den Goldfeldern am Klondike und nach Alaska. Bis heute gibt es entlang der von vielen Fjorden zerrissenen Küste keine Straßen. Die legendäre Route zu erleben, ist nur mit Kreuzfahrtschiffen (ab Vancouver) oder mit den großen Autofähren von *BC Ferries* möglich, die auf einer 15stündigen Fahrt zwischen *Port Hardy* und *Prince Rupert* verkehren (mehrere Monate vorab buchen, Info vor Ort unter *Tel. 888/223-37 79 | www.bcferries.com*).

TELEGRAPH COVE   [130 C4]
Das ehemalige Fischernest (20 Ew.) eine knappe Stunde Fahrt südlich von Port Hardy ist heute ein Mekka der Walfreunde und Walforscher. Mehrere Gruppen von Schwertwalen (Orcas) leben hier in den geschützten, lachsreichen Gewässern zwischen Festland und Vancouver Island und sind den ganzen Sommer über gut zu beobachten. Halbtägige Bootstouren veranstaltet von Mai bis Oktober ⭐ ✳ *Stubbs Island*

Whale Watching zur Johnstone Strait, einem Reservat für Schwertwale *(Telegraph Cove | Tel. 800/665-30 66 | www.stubbs-island.com | Preis 79 $).*

An der Abzweigung nach Telegraph Cove vom Hwy. 19 betreibt die kanadische Holzindustrie Imagepflege: Das *North Island Discovery Centre* bietet kostenlose Führungen durch Sägewerke, Camps und Einschlaggebiete *(Anmeldung vorab nötig: Tel. 250/956-38 44).*

VICTORIA

[131 D6] **Die Hauptstadt von British Columbia (330 000 Ew.) sonnt sich im kolonialen Erbe des British Empire – mit gepflegten Gartenanlagen, viktorianischer Architektur, Doppeldeckerbussen und Pferdedroschken zum Sightseeing.** Eine stilvolle englische Teestunde im efeuumrankten Fairmont Empress Hotel von 1906, einem der Wahrzeichen der Stadt, passt da bestens ins Klischee. Das milde Klima (ideal für Golfrasen) und die wasserumrahmte Lage an der Juan de Fuca Strait tun das ihre dazu, dass Victoria als einer der beliebtesten Erholungsorte des Westens gilt.

Seit 1871 ist Victoria, das erst 30 Jahre zuvor als Handelsposten der Hudson's Bay Company gegründet worden war, die Hauptstadt British Columbias. Hier lassen sich verstärkt betuchte Senioren nieder, um ihren Lebensabend bei Golf und gutem Wetter zu verbringen. Hinzu kommen segelbegeisterte junge Leute, die die Freizeitmöglichkeiten der Stadt zu schätzen wissen.

■ SEHENSWERTES ■
BEACON HILL PARK
Am Fuß der Douglas Street endet der berühmte *Trans-Canada Highway,* der 7821 km östlich in Neufundland

Inside Passage: legendäre Wasserstraße an der inselreichen Westküste von British Columbia

beginnt. Von hier aus können Sie eine Fahrt auf dem  *Scenic Marine Drive* unternehmen, der durch Villenvororte wie Oak Bay der Küstenlinie nach Nordosten folgt.

INNER HARBOUR

Touristische Pflicht ist der Spaziergang am Hafenbecken voller Segelboote und Yachten, um das sich auch die wichtigsten Attraktionen der Stadt reihen. An der Ostseite steht das traditionsreiche *Fairmont Empress Hotel,* auf der Nordseite liegt die *Altstadt* mit ihren Einkaufsstraßen und kleinen Gassen, und auf der Südseite thront in beherrschender Lage das prächtige *Parlamentsgebäude* von 1898, davor eine Statue von Queen Victoria. Tagsüber legen von den Docks die Boote zur Walbeobachtung ab, denn vor der Küste leben den Sommer über mehrere Gruppen von Schwertwalen *(Buchung: Cuda Marine | Tel. 888/672-67 22).*

ROYAL BRITISH COLUMBIA MUSEUM ★

Einen halben Tag sollten Sie sich mindestens Zeit lassen für das größte Museum der Provinz. Nachgebaute Regenwälder und Fjordküsten sind zu sehen, herrliche Totempfähle und Ausstellungen zur Pioniergeschichte. Mit Imax-Kino und Shop. *Tgl. 9–17, Imax bis 20 Uhr | Eintritt 14 $, mit Imax 23 $ | 675 Belleville St.*

■ ESSEN & TRINKEN ■

DON MEE

Kantonesische Kost im Herzen von Chinatown. *538 Fisgard St. | Tel. 250/383-10 32 | €€*

MO:LÉ

Gemütlicher Coffeeshop mit sehr guter Multikulti-Küche. Frühstück und Lunch, Dinner nur am Wochenende, dann aber mit Musik. *554 Pandora Ave. | Tel. 250/385-66 53 | € – €€*

SWAN'S PUB AND CAFE

Beliebter Pub in der Altstadt, auf der Karte stehen Salate und frischer Fisch. *506 Pandora St. | Tel. 250/ 361-33 10 | €*

■ EINKAUFEN ■

MARKET SQUARE

In den Ziegelbauten dieser hübsch renovierten Lagerhallen am Hafen

„Very British" zeigt sich Victoria nicht nur mit dem Fairmont Empress Hotel

sind heute Läden, Kunstgalerien und Restaurants untergebracht. *560 Johnson St.*

■ ÜBERNACHTEN ■

FAIRMONT EMPRESS
Die traditionsreichste Adresse der Stadt, erst kürzlich renoviert. *477 Zi. | 721 Government St. | Tel. 250/384-81 11 | www.fairmont.com | €€€*

OXFORD CASTLE INN
Etwas außerhalb, aber preiswert und solide. *58 Zi. | 133 Gorge Rd. E | Tel. 250/388-6431 | www.oxfordcastleinn. com | €–€€*

■ AUSKUNFT ■

TOURISM VICTORIA
Infobüro direkt am Inner Harbour mit Zimmervermittlung. *812 Wharf St. | Tel. 250/953-20 33 | Fax 382-65 39 | www.tourismvictoria.com*

■ ZIELE IN DER UMGEBUNG ■

BUTCHART GARDENS [131 D6]
Fast das ganze Jahr über blüht und grünt es in dem 200 000 m² großen botanischen Garten gut 20 km nördlich von Victoria. Der schönste Teil ist ein alter Steinbruch, der bereits 1904 erstmals bepflanzt wurde. Abends wird ein Teil des Parkgeländes beleuchtet. *Im Sommer tgl. 9–22, sonst 9–15.30 Uhr | Eintritt 26,50 $ | Brentwood | Bus 75 aus der Innenstadt*

FISGARD LIGHTHOUSE [131 D6]
Seit 1860 weist 15 km westlich *(Hwy. 1A)* dieser pittoreske Leuchtturm – der älteste der kanadischen Westküste – den Weg nach Victoria. Vom Leuchtturm führt der Highway

weiter nach Westen zu einem echten Gourmettempel: dem ☀ *Sooke Harbour House*, das traumhaft über einer kleinen Bucht liegt und auf kanadische Regionalküche spezialisiert ist *(1528 Whiffen Spit Rd. | Sooke | Tel. 250/642-34 21 | www.sooke harbourhouse.com | €€–€€€; auch 28 Zi. | €€€).*

>LOW BUDGET

> ZWISCHEN ROCKIES UND PAZIFIK

Grandiose Berge, herrliche Seen, bunte Pionierstädte:
British Columbia hat einfach alles

> Ganz unbescheiden nennt sich British Columbia – im täglichen Umgang meist B.C. abgekürzt – die schönste Provinz Kanadas. So falsch ist das nicht: Die westlichste Region bietet die größte landschaftliche Vielfalt und die besten Möglichkeiten für den Erlebnisurlaub in Kanada.

Ob Kanufahren und Bergwandern, Heliskiing und Angeln oder Radfahren und Rafting: B.C. hält für jeden Geschmack etwas bereit. Sogar mit sonnigen Stränden und Badewasser

kann die Provinz aufwarten – etwa an dem See im Okanagan Valley.

Das Festland dieser ca. 950 000 km² großen Provinz – die vorgelagerte Insel Vancouver Island sowie die Metropole Vancouver verdienen eigene Kapitel – ist also ein weites Feld, das es zu erobern gilt. Die gesamte Region wird von großen Bergzügen geprägt – nicht nur von den Rockies, denn die beginnen erst am äußersten Ostrand der Provinz. Zahlreiche wei-

Bild: Ausritt in der Chilcotin Region

BRITISH COLUMBIA

tere große Bergketten – alle Teil der nordamerikanischen Kordillere – ziehen sich in Nord-Süd-Richtung durchs Land. Grüne Bergzüge wechseln ab mit weiten Hochplateaus, in die Ströme wie der Fraser River breite Täler geschnitten haben. Nur der äußerste Nordosten, die Region um Dawson Creek, ist flach. Dort reicht die Provinz bis in die Ausläufer der Prärie. Und an der Grenze zu den USA bei Osoyoos finden Sie die einzige Wüste Kanadas – mit Kakteen und Klapperschlangen.

CARIBOO REGION

[131 D–E3–4] Das steppenhafte Hochplateau am Oberlauf des Fraser River ist der Wilde Westen Kanadas: hügeliges Ranchland mit großen Rinderherden, verlassene Goldgräberorte im Hinterland.

CARIBOO REGION

Um die Bergleute beim großen Goldrausch von 1860 zu versorgen, wurde die *Cariboo Waggon Road* gebaut, die erste Straße im Westen Kanadas. Der Highway 97 folgt der alten Route von Süden her und erschließt die Region. Bis heute sind viele der kleinen Ranchorte, die zumeist aus den Postkutschenstationen entstanden, nach der Entfernung vom ursprünglichen Anfang der Straße in *Lillooet* [131 E4] benannt: *70 Mile House, 100 Mile House* etc. Hauptort und Ausgangspunkt für Touren etwa nach *Barkerville*, *Likely* oder *Horsefly*, ist *Williams Lake* [131 E3], das jeden 1. Juli ein Rodeo ausrichtet.

Stadt nördlich von San Francisco. Geblieben ist ein herrlich nostalgisches Museumsdorf mit Westernfassaden, Brettergehsteigen und Schauspielern, die die Pionierzeiten mimen. Auch die Restaurants können sich sehen lassen: das historische *Wake-up Jake Café (Tel. 250/994-32 59 | €)* serviert deftige Goldgräberkost, während das *Lung Duck Tong Restaurant* gute chinesische Kost anbietet *(Tel. 250/994-34 58 | €)*. *Visitor Centre mit Museum tgl. 8–20 Uhr | Eintritt im Sommer 13 $ | am Ortseingang am Hwy. 26*

Das Museumsdorf Barkerville bewahrt die älteste historische Siedlung in British Columbia

■ SEHENSWERTES

BARKERVILLE ★ [131 E3]
Während der Goldrauschtage um 1870 war Barkerville die größte

COTTONWOOD HOUSE [131 E3]
In Cottonwood lockt eine originalgetreu restaurierte Postkutschenstation aus dem Jahr 1864. Kutschenfahrten. *Im Sommer tgl. 10–17 Uhr | Eintritt 5 $ | am Hwy. 26*

> *www.marcopolo.de/kanada-west*

BRITISH COLUMBIA

■ ÜBERNACHTEN ■■■■■■

BECKER'S LODGE

Lodge direkt am See, auch Chalets und Campingplatz. Ausrüstung und Kanuvermietung für eine etwa einwöchige Kanutour auf den Bowron Lakes. *10 Zi. | Wells | Tel. 250/992-88 64 | www.beckerslodge.ca | €€*

KOKANEE BAY MOTEL ✵

Einfaches Motel mit Seeblick, dazu direkt am Ufer Blockhütten und ein Campingplatz. *3728 Hwy. 97 | Lac La Hache | Tel. 250/396-7345 | www.kokaneebaycariboo.com | €*

TYEE LAKE RESORT

Eine moderne Blockhauslodge mit gutem Restaurant. Beliebt vor allem auch bei Anglern. *18 Zi. | 2500 Tyee Lake Rd. | Williams Lake | Tel. 250/989-9850 | www.tyeelakeresort.com | €€*

WELLS HOTEL

Historischer Country Inn im Goldgräberland um Barkerville, renoviert mit Restaurant und Bar. *15 Zi. | Wells | Tel. 250/994-34 27 | www.wellshotel.com | € – €€*

■ AUSKUNFT ■■■■■■

CARIBOO CHILCOTIN COAST TOURISM ASSOCIATION

204 - 350 Barnard St. | Williams Lake | Tel. 250/392-22 26 | Fax 392-28 38 | www.landwithoutlimits.com

■ ZIEL IN DER UMGEBUNG ■■■■■

CHILCOTIN REGION   [130–131 C–D3]

Wenn Sie von Williams Lake aus noch tiefer in die Wildnis vordringen wollen, empfiehlt sich eine Tour ins Hinterland auf dem Highway 20. Er führt 450 km weit westwärts durch die Ranchregion des Chilcotin und den riesigen *Tweedsmuir Provincial Park* (Campingplätze, Trails) bis an die Küste beim Ort *Bella Coola* – ein Traumrevier für Angler und Wildniswanderer. Ganz in der Nähe erreichte im Jahr 1892 Alexander Mackenzie bei der ersten Durchquerung Kanadas den Pazifik. Von Bella Coola aus verkehrt im Sommer ein Schiff der *B.C. Ferries* dreimal wöchentlich nach Port Hardy, so wird eine Rundfahrt zurück in den Süden möglich *(Reservierung empfehlenswert | Tel. vor Ort 888/223-37 79 | www.bcferries.bc.ca).*

MARCO POLO HIGHLIGHTS

⭐ **Barkerville**
Zeitreise in die Goldgräbertage (Seite 50)

⭐ **Bergwiesen am Mount Revelstoke**
Alpiner Farbenrausch, allerdings nur im Hochsommer! (Seite 54)

⭐ **Mission Hill Winery**
Kanadas Antwort auf die Weingüter am Rhein (Seite 56)

⭐ **Haynes Point Provincial Park**
Das schönste und heißeste Plätzchen zum Baden (Seite 57)

⭐ **Helmcken Falls**
Rauschendes Wildwasser inmitten üppiger Natur – sehr fotogen (Seite 59)

⭐ **Fort St. James**
Einblick ins Leben der Pelzhändler von einst (Seite 62)

Tipp für ein gemütlich-rustikales Ferienresort am Wege: Mit der schön im Blockhüttenstil erbauten *Clearwater Lake Lodge* hat sich ein deutsches Ehepaar einen Traum erfüllt *(Hwy. 20 | Kleena Kleene | Tel. 250/476-11 50 | www.clearwaterlake lodge.com | €€).*

Insider Tipp

DAWSON CREEK

[131 E1] **Dawson Creek (11 000 Ew.) wäre ein unscheinbarer Farmerort, wäre da nicht der** *Milestone 0* **an der Hauptstraße im Ortszentrum.** Hier beginnt der berühmte *Alaska Highway,* der – heute durchgehend geteert – über fast 2300 km nach Delta Junction in Alaska führt. Ausstellungen im *Visitor Centre* und das *Walter Wright Pioneer Village* illustrieren die Geschichte der Region und des Alaska Highway.

GLACIER NAT. PARK

[132 B5] **Zahlreiche Schwarz- und Grizzlybären leben in dem 1350 km² großen Schutzgebiet in den gletscherbedeckten Selkirk Mountains, die vom Highway 1 in mühsamem Anstieg überwunden werden.** Auf 1327 m Höhe am ❁ *Rogers Pass* erinnert ein Denkmal an die Vollendung des *Trans-Canada Highway* 1962. Im Visitor Centre nebenan gibt es Tipps für Wanderrouten – Vorsicht, entlang der Westflanke der Berge regnet es häufig! Die Ausstellungen im Besucherzentrum erläutern sehr anschaulich den mühevollen Bahnbau vor gut 100 Jahren.

Unterkünfte und Restaurants finden Sie im alten Bahnort *Golden* (4100 Ew.) am Osteingang des Parks.

■ SEHENSWERTES

NORTHERN LIGHTS WOLF CENTRE

Insider Tipp

Privat geführtes Infozentrum mit einem kleinen Rudel Wölfe, die man hier auch ganz nahe sehen kann – und schaurig heulen hört. *Im Sommer tgl. 9–19 Uhr | Eintritt 10 $ | 1745 Short Rd. | Golden*

■ ÜBERNACHTEN

COLUMBIA VALLEY LODGE
Ruhige, von Österreichern geführte Pension. Im Restaurant gibt's Wiener Schnitzel und Kaiserschmarrn. *12 Zi. | 2304 Hwy. 95 | Golden | Tel. 250/348-25 08 | www.columbiaval leylodge.com | €*

GOLDENWOOD LODGE ❁
Moderne Pension im Blockhüttenstil etwas außerhalb; die Schweizer Besitzer haben gute Tipps für Unternehmungen. *13 Zi. | 2493 Holmes Deakin Rd. | Golden | Tel. 250/344-76 85 | www.goldenwoodlodge.com | € – €€*

■ TOUREN

GLACIER RAFT COMPANY
Halb- und ganztägige Raftingtouren mit stabilen Schlauchbooten auf dem Kicking Horse River. *612 N 7th St. | Golden | Tel. 250/344-65 21 | www. glacierraft.com*

KAMLOOPS

[131 E–F4] **Nicht, dass die drittgrößte Stadt der Provinz (86 000 Ew.) besonders sehenswert wäre, aber sie liegt im Schnittpunkt der wichtigsten Highways**

BRITISH COLUMBIA

und ist mit ihren großen Einkaufsmalls ein guter Versorgungspunkt vor Touren ins Hinterland.

■ SEHENSWERTES ■

SECWEPEMC NATIVE HERITAGE CENTER

Ausstellungen und ein nachgebautes Dorf illustrieren die Kultur der Shus-

■ ÜBERNACHTEN ■

PLAZA HOTEL

Liebevoll und detailgenau renoviertes historisches Hotel der einstigen Rinderbarone im Herzen der Stadt, Mit Restaurant. *66 Zi. | 405 Victoria St. | Tel. 250/377-80 75 | www.plaza heritagehotel.com | €€*

Am Rogers Pass im Glacier National Park klettert der Trans-Canada Highway auf 1327 m Höhe

wap-Indianer. Tanz- und Musikvorführungen. *Im Sommer tgl. 8–20, sonst Mo–Fr 8.30–17 Uhr | Eintritt 6 $ | 355 Yellowhead Hwy.*

■ ESSEN & TRINKEN ■

CHAPTERS VIEWPOINT ✻

Kanadisch-mexikanische Küche genießen Sie bei einem Blick übers Tal. *610 W Columbia St. | Tel. 250/374-32 24 | €€*

RIC'S GRILLL ▶▶

Gute Steaks, Rippchen, Lachs – ein trendiges Altstadtlokal. *227 Victoria St. | Tel. 250/372-77 71 | €€*

RIVERLAND MOTEL

Gutes, sauberes Motel am Fluss, abseits vom Lärm des Trans-Canada Highway. *58 Zi. | 1530 River St. | Tel. 250/374-15 30 | www.kamloops.com/ riverlandmotel | €–€€*

■ ZIELE IN DER UMGEBUNG ■

ADAMS RIVER [131 F4] *Insider Tipp*

Überall an der West Coast ziehen die Lachse zum Laichen die Bäche hinauf. Ein spektakulärer *salmon run* ereignet sich Anfang Oktober im Adams River, knapp 70 km nordöstlich von Kamloops. Mehrere Hunderttausende knallroter *sockeye sal-*

mons drängeln sich dann im nur knietiefen Wasser. Alle vier Jahre ist ein Spitzenjahr: Binnen zwei Wochen kommen mehr als 2 Mio. Lachse zum Laichen und Sterben – das nächste Mal 2010.

LYTTON [131 E5]

Der winzige Ort (400 Ew.) 150 km südwestlich Kamloops an der Mündung des Thompson in den Fraser River ist ein **beliebter Ausgangspunkt für Schlauchbootwildwasserfahrten.** Südlich des Ortes beginnt die beeindruckende  Schlucht des Fraser River, mit der sich der Strom auf gut 100 km Länge seinen Weg durch die Coast Mountains bahnt. Bei *Hell's*

Insider Tipp

Gondeln überqueren die Schlucht bei Lytton

Gate, der engsten Stelle der Schlucht, etwa 50 km südlich von Lytton, führt eine Gondelbahn 50 m hinab zum Flussufer, wo Sie im Sommer Lachse beobachten können, die sich durch die Strudel stromaufwärts kämpfen.

Kumsheen Raft Adventures bietet Schlauchbootfahrten auf Thompson und Fraser River an *(am Hwy. 1 | Tel. 250/455-22 96 oder 800/663-66 67 | www.kumsheen.com).*

SHUSWAP LAKES [131 F4]

Die große Seenplatte eine Autostunde östlich von Kamloops ist ein Revier für Wassersportler. Allein der Shuswap Lake besitzt mehr als 1000 km einsame, dicht bewaldete Uferlinie. In den kleinen Orten wie *Salmon Arm* oder *Sicamous* können Sie Hausboote mieten und das Labyrinth von Seitenarmen und Buchten in aller Ruhe entdecken *(z. B. bei Twin Anchors Houseboat Vacations | 750 Marine Park Dr. | Salmon Arm | Tel. 250/836-24 50 | www.twinanchors.com).* Übernachtungstipp für Golffans: der idyllisch gelegene *Inn at the Ninth Hole (5091 20 Ave. SE | Salmon Arm | Tel. 250/833-01 85 | www.ninthhol.com | €€)*

REVELSTOKE

[132 B4-5] Von Juli bis Anfang September blühen die ⭐ Bergwiesen am Mount Revelstoke hoch über dem Bahnstädtchen (8500 Ew.) – ein unvergesslicher Anblick. Über 100 Wildblumenarten wachsen vor allem rund um den Gipfel. Im Ort finden Sie Restaurants, Hotels und Campingplätze. Der Zugang zum gleichnamigen Nationalpark ist einfach:

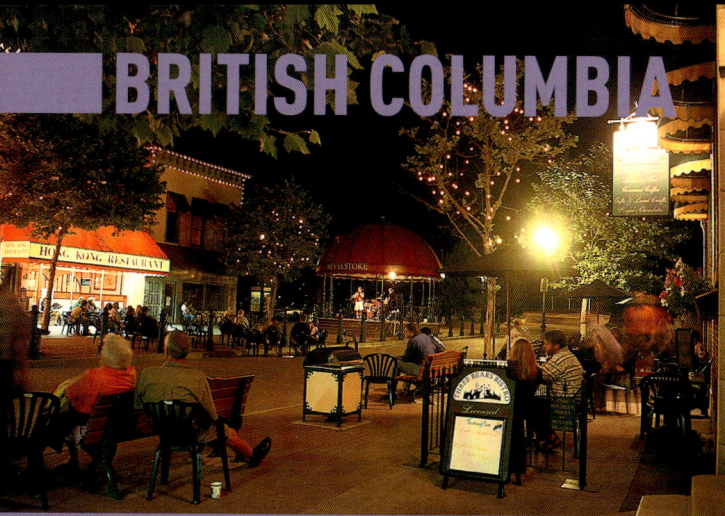

BRITISH COLUMBIA

Abendstimmung in Revelstoke, einem beliebten Ferienort und Startpunkt für Bergwanderungen

Eine Schotterstraße führt auf den 1938 m hohen *Mount Revelstoke* (im Hochsommer Shuttlebus). Oben auf dem Gipfel warten herrliche ✷ Kurzwanderwege. Unten im Tal lohnt sich ein Spaziergang auf dem *Giant Cedars Trail*, der vom Trans-Canada Highway durch dichten Urwald aus jahrhundertealten Zedern und Douglasien führt.

Insider Tipp

SEHENSWERTES

REVELSTOKE DAM VISITOR CENTRE
Das moderne Besucherzentrum am Nordende des Ortes erläutert die Funktion eines Staudamms am Columbia River. Technikinteressierte können zum gewaltigen *Mica Dam* etwa 150 km stromaufwärts weiterfahren *(Führungen | Info Tel. 250/814-66 97)*.

REVELSTOKE RAILWAY MUSEUM
Schmuckstück des Museums ist eine der größten Dampfloks, die je in Kanada fuhren. *Im Sommer tgl. 9–20, sonst Mo–Fr 11–16 Uhr | Eintritt 8 $ | 719 Track St.*

ÜBERNACHTEN

GLACIER HOUSE RESORT ✷
Moderne Blockhüttenlodge mit Blick auf die Berge, etwas außerhalb nahe dem Revelstoke Dam. *26 Zi. | 679 Westsyde Rd. | Tel. 250/837-95 94 | www.glacierhouse.com | €–€€*

ZIEL IN DER UMGEBUNG

ARROW LAKES   [132 B5–6]
Revelstoke liegt am Nordende der lang gestreckten Seenkette am Columbia River. Auf den Highways 23 und 6 können Sie die weitgehend unsiedelte Region erkunden und dabei historische Orte wie *Kaslo,* heiße Quellen wie die *Nakusp Hot Springs* und Geisterstädte wie *Sandon* entdecken. Autofähren verbinden vielerorts die Ufer.

Insider Tipp

OKANAGAN VALLEY

[132 B5–6] Das durch eine lang gestreckte Seenkette gebildete Tal entwickelte sich aufgrund seines guten Klimas

OKANAGAN VALLEY

zum Obstgarten, Weinanbaugebiet und beliebten Ferienzentrum. Das Südende des Tals ist extrem regenarm, dort wachsen sogar Kakteen. Besonders im Frühjahr, wenn die Apfel-, Kirsch- und Pfirsichbäume auf den Plantagen blühen, strahlen die Hänge um die Seen in voller Pracht. Im Sommer und Herbst können Sie dann an Straßenständen Honig, Marme-

■ SEHENSWERTES ■

GRAY MONK CELLARS

Hier erfahren Sie alles über kanadischen Weinbau. Stündlich Führungen, danach Weinprobe mit herrlichem Blick über den See. Auch Restaurant. *Im Sommer tgl. 9–21, Führungen 11–16, sonst Mo–Sa 11–17 Uhr | Eintritt frei | Camp Rd. | Okanagan Centre*

Kirschernte im fruchtbaren Okanagan Valley, dem „Obstgarten Kanadas"

lade, Cidre und natürlich frisches Obst jeder Art kaufen. Ebenfalls einen Stopp lohnen die über das ganze Tal verstreuten Weinkellereien, die nach mehr als 20 Jahren des Experimentierens heute ausgezeichnete Tropfen produzieren.

Hauptort des Tals am Ostufer des rund 150 km langen Okanagan Lake ist *Kelowna* (100 000 Ew.), in dem bei milden Temperaturen viele (Früh-)Rentner ihre Tage mit Golf und Tennis verbringen.

MISSION HILL WINERY ⭐

Hoch am Hügel ein prachtvoller Toskanabau, umgeben von Reben und Obstgärten. Die größte und wohl reizvollste der Kellereien im Okanagan Valley. *Im Sommer 9.30–19, sonst tgl. 10–17 Uhr | Führung 5 $ | 1730 Mission Hill Rd. | Westbank | www.missionhillwinery.com*

O'KEEFE RANCH

Die bereits 1867 gegründete Rinderfarm – früher die größte von British

Columbia – ist heute ein Freilichtmuseum und gibt Einblick in das Leben der frühen Pioniere. *Im Sommer tgl. 9–18 Uhr | Eintritt 12 $ | 9 km nördl. von Vernon am Hwy. 97*

■ ESSEN & TRINKEN ■

EARL'S ON TOP RESTAURANT
Fisch, Steak und Pasta am Seeufer. Mit Terrasse. *211 Bernard Ave. | Kelowna | Tel. 250/763-27 77 | €€*

QUAIL'S GATE ESTATE WINERY
Weinladen und Terrassenlokal, sehr schön zum Lunch. *3303 Boucherie Rd. | Westbank | Tel. 250/769-44 52 | www.quailsgate.com | €–€€*

SALTY'S BEACH HOUSE
Beliebtes Fischlokal am Strand. *1000 Lakeshore Dr. | Penticton | Tel. 250/ 493-50 01 | €€*

■ ÜBERNACHTEN ■

BEL AIR MOTEL
Einfaches Motel nahe dem Skaha Lake mit Pool und Waschsalon. *42 Zi. | 2670 Skaha Lake Rd. | Penticton | Tel. 250/492-41 03 | www. belairmotel.bc.ca | €–€€*

ELDORADO ☆
Stilvolles kleines Hotel mit Seeblick. Restaurant auf der Veranda. *55 Zi. | Pandosy St./Cook Rd. | Kelowna | Tel. 250/763-75 00 | www.eldorado kelowna.com | €€–€€€*

■ STRÄNDE ■

Schöne Strände, wie im ★ *Haynes Point Provincial Park,* liegen vor allem im südlichen Teil des Tals bei *Osoyoos* sowie bei *Penticton* (Ende Juli großes Pfirsichfestival).

■ AUSKUNFT ■

THOMPSON OKANAGAN TOURISM ASS.
544 Harvey Ave. | Kelowna | Tel. 250/ 860-59 99 | Fax 860-99 93 | www. thompsonokanagan.com

QUEEN CHAR-LOTTE ISLANDS

[130 A2–3] Der regenreiche, häufig sturmumtoste Archipel (6000 Ew.), früher das Reich der kriegerischen Haida-Indianer, ist ein „Galapagos des Nordens" mit Regenwäldern, Seelöwen, Weißkopfseeadlern und einer unglaublichen Vielfalt an

> HUDSON'S BAY COMPANY
Vom riesigen Reich der Trapper

Die angesagte Mode des 17. und 18. Jhs. waren Hüte, vor allem Dreispitze und Zylinder aus kanadischem Biberfilz. Kein Wunder, dass die Trapper und Pelzhändler immer weiter in den Westen des neuen Kontinents zogen. Mit dem wolligen Unterpelz der Nager konnte man große Profite erzielen. Die 1670 gegründet Hudson's Bay Company sollte zu einem der größten Handelsimperien werden. Der englische König überließ ihr die Handelsrechte für alle Ländereien westlich der Hudson's Bay. Ein Zwölftel der Erdoberfläche umfasste schließlich ihr Handelsgebiet. Aus ihren Forts wurden später Städte, aus ihren Handelspfaden moderne Highways.

Meerestieren. Die Nordinsel *Graham Island* ist mit Straßen erschlossen (Fähre von Prince Rupert). Ein großer Teil der fast unbewohnten Südinsel *Moresby Island* und ihr einzigartiges Ökosystem wurden zum *Gwaii Haanas National Park.* Interessant ist das neue *Haida Heritage Centre,* in dem die Haida heute wieder Totempfähle und Kanus schnitzen *(im Sommer Mo–Sa 10–18 Uhr | Eintritt 8 $ | Skidegate).*

■ TOUREN
BLUEWATER ADVENTURES
Fünf- bis elftägige Bootstouren mit Kajakausflügen entlang der Westküste von British Columbia inklusive der Queen Charlotte Islands. *3 - 252 E First St. | North Vancouver | Tel. 604/980-38 00 | www.bluewateradventures.ca*

QUEEN CHARLOTTE ADVENTURES
Geführte Kajaktouren entlang der Küste; auch Vermietung, Fährdienst und Bootstransport für Touren auf eigene Faust. *Queen Charlotte City | Tel. 250/559-89 90 | www.queencharlotteadventures.com*

SUNSHINE COAST

[131 D5] **Die durch die vorgelagerten Inseln geschützte – und daher tatsächlich sehr sonnige und milde – Küste nördlich von Vancouver eignet sich bestens für einen zwei- bis dreitägigen Abstecher in die tiefgrüne Fjordlandschaft am Pazifik.** 140 km weit kurvt der Highway 101 die Buchten entlang in Richtung Norden bis zum Ende der Straße in *Lund.*

Yachthäfen, verschlafene Fischerorte, in denen heute vielfach Künstler und Aussteiger leben, und Strandparks wie etwa der *Saltery Bay Provincial Park* (mit Campingplatz) säumen den Weg. Interessant ist die 4 km lange Wanderung zu den *Skookumchuck Narrows* beim Fischerdorf *Egmont,* in denen beim Gezeitenwechsel gigantische Strudel entstehen. `Ins Ti`

■ ÜBERNACHTEN
DESOLATION RESORT ✻
Ferienresort an einem einsamen Fjord mit herrlichen Holzhäusern direkt über dem Wasser. *12 Zi./Apartments | Malaspina Rd. | Powell River | Tel. 604/483-35 92 | www.desolationresort.com | €€–€€€*

LUND HOTEL & RV PARK
Historisches Hotel im Besitz des örtlichen Indianerstammes – renoviert und direkt am Hafen. Restaurant, Touren, Campingplatz. *31 Zi. | Lund | Tel. 604/414-04 74 | www.lundhotel.com | €–€€*

WEST COAST WILDERNESS LODGE ✻
Gepflegter Country Inn in bester Lage auf einer Klippe über dem Fjord. *20 Zi. | Egmont | Tel. 604/883-36 67| www.wcwl.com | €€€*

■ TOUREN
SUNSHINE COAST TOURS
Wassertaxi und geführte Touren, Fahrten ins Princess Louisa Inlet und zu den Skookumchuck Narrows. Auch Service für Taucher und Unterkunftsvermittlung. *4289 Orca Rd. | Garden Bay | Tel. 800/870-90 55 | www.sunshinecoasttours.bc.ca*

WELLS GRAY PROV. PARK

[131 E–F3] Das waldreiche, gut 5000 km² große Schutzgebiet des Provincial Park am Nordrand der Columbia Mountains ist bekannt für seine Wasserfälle, darunter die 137 m hohen ⭐ *Helmcken Falls,* die, umrahmt von sattem Grün, in ein enges Tal schäumen. Kaum weniger spektakulär tost nahe dem Parkeingang der *Spahats Creek* in eine 120 m tiefe Schlucht. Wildniswanderer können auf dem weit gespannten Trailnetz ins Hinterland vordringen. ==Die Seenkette von *Clearwater* und *Azure Lake* eignet sich gut zum Kanufahren.== Unterkünfte und Kanuvermietung finden den Sie am Parkeingang und in Clearwater. Hilfe zur Planung auch für noch einsamere Wildnispaddeltouren wie etwa auf dem *Hobson Lake* bekommen Sie bei: *Clearwater Lake Tours (Clearwater | Tel. 250/674-21 21 | www.clearwaterlake tours.com).*

WHISTLER

[131 D–E5] Der gepflegte Wintersportort (10000 Ew.) etwa zwei Fahrstunden nördlich von Vancouver wird im Jahr 2010 der Austragungsort für die Skirennen der Olympischen Winterspiele sein. Kaum zu glauben, dass das Städtchen in den schneereichen *Coast Mountains* erst vor knapp 50 Jahren geplant und angelegt wurde. Doch mit den beiden Bergen *Whistler* und *Blackcomb Mountain* und fast 40 Liftanlagen besitzt es ein Skigebiet der Superlative. Einige der Life sind auch im Sommer geöffnet, sodass Sie mühe-

los zum Wandern oder Biken – oder zum Sommerskifahren auf einem Gletscher – in die Gipfelregionen entschweben können. Unten im Tal spielt sich das Leben rund um die Fußgängerzone von *Whistler Village*

Die Helmcken Falls im Wells Gray Provincial Park stürzen 137 m in die Tiefe

ab: Läden, Restaurants und Cafés reihen sich dicht an dicht.

Die Fahrt nach Whistler lohnt sich allein schon wegen der Anfahrt: Mit fabelhaften Ausblicken über den Howe Sound kurvt der ☀ *Sea-to-Sky-Highway* (Hwy. 99, derzeit im Ausbau) die Ufer des tief eingekerbten Fjordes entlang (Aussichtspunkte, mehrere schöne Wasserfälle).

SEHENSWERTES

BC MINING MUSEUM

Besichtigen Sie unbedingt das in einem alten Kupferbergwerk untergebrachte Minenmuseum. *Im Sommer tgl. 9–16.30 Uhr, sonst nur Mo–Fr | Eintritt mit Führung 17 $ | am Hwy. 99 in Britannia Beach*

ESSEN & TRINKEN

BEARFOOT BISTRO

Feine Westcoastküche: Kaributatar mit Schalotten-Thymian-Püree, Lachs in Kräuter-Krabben-Butter – und wunderbare Desserts. *4121 Village Green | Tel. 250/932-34 33 | €€–€€€*

BRASSERIE DES ARTISTES ▶▶

Quirlige Terrasse in der Fußgängerzone zum Sitzen und Schauen. Auch gutes Frühstück. *4232 Village Stroll | Tel. 250/932-35 69 | €*

GARIBALDI LIFT COMPANY ▶▶

Après-Ski mit kaltem Bier, Nachos, Snowboardvideos und Reggae. *Whistler Talstation | Tel. 604/905-22 20 | €–€€*

MIX BY RIC'S

Schickes kleines Bistro in der Fußgängerzone; leckere Tapas und gute Martinis. *4237 Village Stroll | Tel. 604/932-64 99 | €*

STEEP'S GRILL ❄

Aussichtsrestaurant mit Blick über die Coast Mountains. *An der Bergstation der Whistler Gondola | Tel. 604/905-23 79 | €€*

ÜBERNACHTEN

DURLACHER HOF ❄

Erstklassige, gemütliche Pension im österreichischen Stil mit schöner

> BÜCHER & FILME

Geschichten und Bilder aus der Wildnis

> **Atanarjuat – Die Legende vom schnellen Läufer** – Ein Inuit-Mythos, poetisch erzählt und doch packend. Der erste kanadische Film, der von Ureinwohnern in ihrer eigenen Sprache gedreht wurde (2001).

> **Goldrausch** – Der teils an Originalschauplätzen gedrehte Filmklassiker (1925) von Charlie Chaplin zeigt den berühmten Goldrausch am Klondike ganz authentisch.

> **Generation X. Geschichten für eine immer schneller werdende Kultur** – Ein Kultbuch von 1992, in dem der in Vancouver aufgewachsene Douglas Coupland der Wohlstandsgesellschaft den Spiegel vorhält.

> **Der Schwarm** – Für seinen 1000 Seiten dicken Ökothriller mit Tiefseethema hat Frank Schätzing viel an der Pazifikküste Kanadas recherchiert – und sie mehrfach ins Buch eingebunden (2004).

> **Kanada** – Opulenter Bildband von Fotografen Karl-Heinz Raach und dem Autor dieses Führers, Karl Teuschl (2003).

> **Der lange Weg** – Joseph Boyden erzählt die Geschichte des jungen Cree-Indianers Xavier, der aus dem Krieg zurückkommt und durch die Geschichten seiner Tante Niska wieder ins Leben findet (2004).

Aussicht. *8 Zi. | 7055 Nesters Rd. | Tel. 604/932-19 24 | www.durlacher hof.com | €€*

EDGEWATER LODGE

Etwas außerhalb, aber mit eigenem Seeufer. Das Restaurant ist bekannt für Wildgerichte. *12 Zi. | 8841 Hwy.*

ted Cliff Rd. | Tel. 604/905-34 00 | www.whistler-marriott.com | €€€

TOURISM WHISTLER

4010 Whistler Way | Tel. 604/938-27 69 gebührenfrei aus Europa +800/94 47 85 37 | www.tourismwhistler.com

Im schneesicheren Bergmassiv um Whistler finden 2010 die Olympischen Winterspiele statt

99 | *Tel. 604/932-06 88 | www.edge waterlodge.com | €€*

FAIRMONT CHATEAU WHISTLER

Elegantes Ferienhotel direkt an der Talstation der Lifte. Mit gutem Golf-platz. *558 Zi. | Whistler Village | Tel. 604/938-80 00 | www.fairmont.com | €€€*

RESIDENCE INN BY MARRIOTT

Modernes Skihotel mit elegantem Holz- und Steindesign direkt an den Pisten oberhalb der Talstation. 186 sehr große Suitezimmer. *4899 Pain-*

YELLOWHEAD REGION

[130–131 B–F1–3] Der 1970 eröffnete *Yellowhead Highway 16* ist neben dem weiter südlich verlaufenden Trans-Canada Highway die zweite große Ost-West-Fernstraße im Westen Kanadas. Aus den Prärien führt sie über Edmonton und Jasper durch den einsamen Norden zur Pazifikküste. Sie folgt den alten Packrouten der Trapper und er-schließt (auch durch ihre Nebenstra-ßen wie etwa den Cassiar Highway) den hohen Norden von British Columbia. Benannt ist die Straße nach einem blonden Trapper, sein „gelber Kopf" ist noch heute auf den Straßenschildern zu sehen.

>LOW BUDGET

> Triple O's White Spot ist eine Kette von Schnellrestaurants mit wirklich guter Qualität und vernünftigen Preisen. Riesig: der Triple O Burger. Unbedingt zu den Pommes bestellen: Triple-O-Sauce. Es werden auch laufend frische Donuts gebacken und sündig-süße Milkshakes gerührt.

> Eine Nacht im ungewöhnlichsten Hostel Kanadas kostet nur 24 $ (für Mitglieder sogar nur 17 $): Das Shuswap Lake Hostel ist in einem alten General Store untergebracht, und einige der Zimmer sind renovierte Bahnwagons. Auf Anfrage hält der Greyhousbus direkt am Hostel (229 Trans-Canada Hwy. | Squilax/ Chase | Tel. 250/675-29 77 | www. hihostels.ca).

> Selbst Trendorte wie Whistler müssen nicht teuer sein: Der in der Mountainbiker- und Snowboarderszene beliebte kleine Coffeeshop mitten in der Fußgängerzone ▶▶ Ingrid's Village Café (4305 Skier's Approach) tischt auch für wenig Geld gesunde Kost auf. Schon für 7 $ gibt es einen Falafel-Burger mit Couscous.

> Billige Jeans, Anoraks oder Kinderklamotten gefällig? Die in vielen Städten vertretene Kette Winners verkauft Restposten von Markenfirmen und andere Discountware. Man muss etwas wühlen, aber es lassen sich gute Stücke finden.

■ SEHENSWERTES ■

FORT ST. JAMES ★ [131 D2]

Der 1806 von Simon Fraser gegründete Pelzhandelsposten wurde zu einem hervorragenden Museumsdorf restauriert. *Im Sommer tgl. 9–17 Uhr | Eintritt 7 $ | 50 km nördl. von Vanderhoof am Hwy. 27*

'KSAN INDIAN VILLAGE [130 C1]

Ein rekonstruiertes Dorf der Git'ksan-Indianer mit Totempfählen und Schnitzwerkstätten. Im Sommer Tanzvorführungen. *Im Sommer tgl. 9–17 Uhr | Eintritt 2 $, Führung 10 $ | Hazelton*

STÄDTE AM YELLOWHEAD HIGHWAY

Von der Grenze zu Alberta im Jasper National Park durchquert der Highway zunächst die tiefen Wälder des Fraser Plateau. Westlich der Holzfällerstadt *Prince George* (72 000 Ew., [131 D2]) führt die Route durch eine riesige Seenplatte bis zu den Coast Mountains, wo das Reich der Nordwestküsten-Indianer beginnt. Am *Moricetown Canyon* des Bulkley River können Sie sie im Juli und August noch beim Lachsfang beobachten. In der Nähe, im Gebiet von *Hazelton* [130 C1], zeugen in den Reservatsdörfern der Tsimshian-Indianer viele alte Totempfähle von der hohen Schnitzkunst dieses Stamms.

Prince Rupert (15 000 Ew., [130 B2]) am Westende des Yellowhead Highway, ein wichtiger Fischerei-, Kohle- und Getreidehafen, bietet Anschluss ans Fährsystem entlang der Westküste: Die *B.C. Ferries* verkehren von hier südwärts nach Vancouver Island, die Schiffe der

Alaska Marine Highway erlauben eine Weiterfahrt nach Alaska.

■ TOUREN

PRINCE RUPERT ADVENTURE TOURS

Halbtägige Bootstouren zur Grizzly-beobachtung im Khuzemateen-Schutzgebiet. *207 3rd Ave. E | Prince Rupert | Tel. 250/627-91 66 | www. westcoastlaunch.com*

■ AUSKUNFT

NORTHERN BC TOURISM ASSOCIATION

850 River Rd. | Prince George | Tel. 250/561-04 32 | Fax 250/561-04 50 | www.nbctourism.com

■ ZIEL IN DER UMGEBUNG

STEWART   [130 B1]

Von Kitwanga aus ermöglicht der Cassiar Highway einen Abstecher in die Bergwelt an der Grenze zu Alaska. 240 km sind es bis Stewart am Ende eines 145 km langen Fjords. Im sympathisch verlotterten Nachbarort *Hyder* beginnt Alaska – leicht daran zu erkennen, dass die Bars keine Sperrstunde kennen. Im *Fish Creek* am Ortsrand von Hyder laichen im Sommer die Silberlachse – und oft kann man hier Bären und Weißkopfseeadler beobachten, wie sie sich an den verendeten Fischen satt fressen. ☀ Die Schotterstraße entlang des Fish Creek führt noch gut 30 km weiter hinauf in die Berge zu herrlichen Ausblicken über den Salmon-Gletscher. Gemütlich zur Übernachtung mit Wildwest-Feeling: der *Ripley Creek Inn* (Stewart | Tel. 250/ 636-23 44 | €–€€), dessen 32 Zimmer in mehreren liebevoll restaurierten historischen Häusern liegen. Ein gutes Restaurant gehört auch dazu.

Insider Tipp

Grizzlybären finden in den fischreichen Gewässern von British Columbia stets reiche Beute

> AUF DER TRAUMSTRASSE DER WELT

In den Rocky Mountains liegen die meisten und schönsten Nationalparks Kanadas

> Ob Postkarte oder Bildband aus Kanada, mit großer Wahrscheinlichkeit werden die Motive der Bilder aus den Rocky Mountains stammen: tiefgrüne Gletscherseen und schroffe Gipfel, bunte Blumenwiesen und Grizzlys beim Heidelbeerpflücken.

Die Region der Rockies bietet alle Klischees, die man gemeinhin mit Kanada verbindet. So verwundert es nicht, dass die Berge an der Grenze zwischen Alberta und British Columbia auch die bekannteste und belieb-

teste Reiseregion des Westens sind. Fünf große Nationalparks locken die Besucher an, vier davon – Banff, Jasper, Kootenay und Yoho – grenzen unmittelbar aneinander und bilden ein einzigartiges, gut 20 000 km² großes Naturschutzgebiet. Grandiose Bergwelt also vom Feinsten – doch keine durchorganisierte, mit Almhütten und Highways erschlossene Natur.

Bis heute führen nur vier Pässe über den in Kanada gelegenen Teil

Bild: Maligne Canyon im Jasper National Park

ROCKY MOUNTAINS

der Rockies, und nur wenige – dafür aber sehr spektakuläre – Highways erschließen die Region. Doch Sie finden in den Parks ein sehr gutes Netz von Wanderwegen. Im Hochsommer ist der Besucheransturm in den Parks groß – doch nur in den bekannten Orten wie Banff, Jasper und Lake Louise. Dort sind die Hotels dann meist ausgebucht, und ohne Reservierung wird es schwer, ein Kissen für die Nacht zu finden.

Die Rockies sind der östlichste Strang der Nordamerikanischen Kordilleren. Innerhalb Kanadas ist das mächtige Felsengebirge 1200 km lang und endet erst im Yukon Territory. Die Bergzüge bestehen aus Sedimentgestein, Schiefer, Kalk- und Sandstein, die vor langer Zeit auf dem Grund eines Urmeers abgelagert wurden. Vor rund 60 Mio. Jahren begann dann die Auffaltung des Gebirges. Die Gletscher der Eiszeiten hobelten später Täler aus, hinterließen türkisfarbene Schmelzwasserseen und große Moränen – als Traumkulissen für Naturfreunde und Wildnisurlauber.

entstand das 5000-Seelen-Städtchen *Banff*, einige Skigebiete wurden eingerichtet, und auf den Gipfel des *Sulphur Mountain* führt eine ❄ Gondelbahn zum Aussichtspunkt

Der geschützten Natur ganz nahe: Kanufahrer im Banff National Park

BANFF NAT. PARK

[132 C4–5] **Der älteste National Park Kanadas: 6640 km^2 Gletschertäler, smaragdfarbene Seen und schneebedeckte Dreitausender um das Tal des Bow River.** Bereits 1885, als die Eisenbahn durch diese Region verlegt wurde, beschloss die kanadische Regierung, die Berglandschaft unter Schutz zu stellen. Dank der strengen Auflagen wurde daher über die Jahre nur ein kleiner Teil des Parks erschlossen: Es

über die Stadt und den Bow River. Auch am *Lake Louise* wurden einige Hotels errichtet, doch rings um diese Oasen der Zivilisation erstreckt sich die wilde Bergwelt wie seit Urzeiten. Holen Sie sich von den *Park Wardens* im Visitor Centre von Banff oder Lake Louise Wanderkarten für die mehr als 1300 km Pfade im Hinterland.

■ SEHENSWERTES ■

BANFF PARK MUSEUM
Das älteste Naturkundemuseum Westkanadas in einem Blockhaus

von 1903 am Ufer des Bow River. *Im Sommer tgl. 10–18, sonst 13–17 Uhr | Eintritt 4 $ | 91 Banff Ave. | Banff*

CAVE AND BASIN NATIONAL HISTORIC SITE

Ausstellungen zur Parkgeschichte im alten Badehaus der heißen Quellen, denen der Park sein Entstehen verdankt. *Juli/Aug. tgl. 9–18, sonst Mo–Fr 11–16, Sa/So 9.30–17 Uhr | Eintritt 4 $ | Cave Ave. | Banff*

FAIRMONT BANFF SPRINGS HOTEL ✻

Der pompöse Palast am Ende der Spray Avenue in Banff wurde bereits 1886 von der Canadian Pacific Railroad errichtet. Treibende Kraft hinter dem Bau des Schlosshotels war der Bahndirektor William Cornelius Van Horne. Nach seiner Devise „Wenn wir die Landschaft nicht exportieren können, müssen wir die Touristen importieren" ließ er entlang der 1885 fertiggestellten transkanadischen Eisenbahnlinie eine Reihe luxuriöser Hotels anlegen. Das Banff Springs ist eines der schönsten Beispiele für diese „Bahnhotels".

ICEFIELDS PARKWAY ⭐

Rund 230 km führt die „Traumstraße der Rockies" (Highway 93) von Lake Louise nach Jasper, und zwar immer am Grat der Berge entlang: Gletscher und Bergseen, Wasserfälle und 3000er-Gipfel in ununterbrochener Folge. Es lohnt sich, früh aufzubrechen, denn die besten Ausblicke richten sich nach Westen, und die Morgensonne lässt die blank polierten Felswände und Eisfälle in zartem Rosa erstrahlen. Und halten Sie die Kamera bereit, denn häufig sieht man einige der Parkbewohner am Wegesrand: einen Wapiti-Hirsch oder einen Elch, Bergschafe oder -ziegen – und mit etwas Glück sogar einen Grizzly.

Der schönste Blick erwartet Sie am ✻ *Bow Pass:* Zum Aussichtspunkt auf 2068 m Höhe strahlt der milchig-grüne *Peyto Lake* aus dem Tal hinauf. Weitere lohnende Stopps: *Mistaya Canyon, Waterfowl Lake* mit einem schönen Campingplatz und die *Sunwapta Falls.*

LAKE LOUISE ⭐

Der berühmteste Bergsee Kanadas zu Füßen des 3464 m hohen Mount

Victoria schimmert türkis. Auf der Uferpromenade vor dem *Chateau Lake Louise* (einem weiteren „Bahnhotel") herrscht ständiges Gedrängel, aber auf den Pfaden ringsum ist es ruhiger. Planen Sie einen Tag zum Wandern ein: z.B. auf dem *Big Beehive/Lake Agnes Trail* oder dem *Plain of Six Glaciers Trail.* Ebenfalls ein Postkartenbild bietet der rund 15 km südlich liegende  *Moraine Lake* im *Valley of Ten Peaks.*

WHYTE MUSEUM OF THE ROCKIES

Ausstellungen zur Pionierzeit und über die ersten Schweizer Bergführer in den Rockies. Sonderausstellungen

■ ESSEN & TRINKEN ■

LAKE LOUISE STATION RESTAURANT

Verfeinerte Regionalküche im alten Bahnhof der Canadian Pacific Railway. Ein Klassiker. *Lake Louise | Tel. 403/522-26 00 | €€–€€€*

MUK A MUK BISTRO ☀

Feine neukanadische Küche mit herrlichem Blick über Banff. Im modern renovierten *Juniper Hotel (€€–€€€).* *1 Timberline Way | Banff | Tel. 403/762-22 81 | €€–€€€*

NUM-TI-JAH LODGE

Schön für eine Pause auf dem Icefields Parkway: eine historische

Lake Louise: ein glasklarer Bergsee, ein schlossartiges Grandhotel und aufragende Gipfel

über Malerei und andere Medien zum Thema Rocky Mountains. Zum Museum gehören auch zwei Pionierhütten (Führungen). *Tgl. 10–17 Uhr | Eintritt 6 $ | 111 Bear St. | Banff*

Lodge am Ufer des Bow Lake. Weitgehend original möbliert. Gutes Restaurant. *Icefields Parkway | 40 km nördl. von Lake Louise | Tel. 403/522-21 67 | www.num-ti-jah.com | €–€€*

ROCKY MOUNTAINS

SALTLIK

Schickes Lokal mit großer Bar im Erdgeschoss. Serviert werden Steaks und Fisch, täglich frisch. *221 Bear St. | Banff | Tel. 403/762-24 67 | €€ – €€€*

SUSHI HOUSE

Winzig, aber gut. Das Sushi kommt per Modellbahn zum Tisch. *304 Caribou St. | Banff | Tel. 403/762-43 53 | €*

WILD BILL'S LEGENDARY SALOON ▶▶

Deftige Westernkost, viel Holz und viel Bier sorgen für eine hervorragende Stimmung. ☀ Schöner Balkon über dem Getümmel an der Banff Avenue. *201 Banff Ave. | Banff | Tel. 403/762-03 33 | € – €€*

▌ÜBERNACHTEN

Für den Hochsommer ist es ratsam, schon einige Monate vorab zu buchen.

BANFF CARIBOU LODGE

Gepflegtes modernes Hotel der gehobenen Mittelklasse. Besonders angenehm, da im Ortszentrum gelegen. *200 Zi. | 521 Banff Ave. | Banff | Tel. 403/762-58 87 | www.bestofbanff. com | €€ – €€€*

DEER LODGE

Kleines historisches, aber edles Hotel nur ein paar Minuten zu Fuß vom Lake Louise. *73 Zi. | Lake Louise | Tel. 403/522-37 47 | www.crmr.com | €€ – €€€*

ELKHORN LODGE

Einfaches kleines Motel, gut und ruhig gelegen, nur einige Schritte von der Banff Avenue. *8 Zi. | 124 Spray Ave. | Banff | Tel. 403/762-22 99 | www.elkhornbanff.ca | € – €€*

▌FREIZEIT & SPORT

ADVENTURES UNLIMITED

Hier können Sie sich alle Arten von Aktivtouren vermitteln lassen: Ausritte, geführte Wandertouren, Raftingtrips oder im Winter auch Hundeschlittenfahrten. *211 Bear St. | Banff | Tel. 403/762-45 54 | www.banffad ventures.com*

BACTRAX BIKE RENTAL

Fahrradvermietung im Ort Banff für Tagestouren in die Umgebung. Gute Tipps für Routen. *225 Blear St. | Tel. 403/762-81 77*

UPPER HOT SPRINGS

Ein heißes Bad lockert die Muskeln nach dem Wandern. *Im Sommer tgl. 9–23, sonst 10–22 Uhr | Eintritt 7,50 $ | Mountain Ave. | Banff*

WANDERUNGEN

Gleich am Ortsrand von Banff führen einige kürzere Pfade, z.B. der *Fenland Trail* (1,5 km langer Lehrpfad), in das Gebiet der *Vermillion Lakes*. Trotz der Nähe zum Trans-Canada Highway sind hier oft Wapiti-Hirsche, Elche und Biber zu sehen. Vom Parkplatz des Mount-Norquay-Skigebiets klettert ein gut 2 km langer Wanderweg zum Gipfel des ☀ *Stoney Squaw Mountain* und zu einem atemraubenden Panorama über das Tal von Banff und den *Lake Minnewanka*.

Weitere gute Wanderreviere für Tagestouren sind das Tal des Spray River, die *Sunshine Meadows* und der *Johnstone Canyon*. Ebenfalls sehr zu empfehlen sind die Pfade, die am Lake Louise und nahebei am Moraine Lake beginnen, etwa über den

Sentinel Pass ins *Paradise Valley* oder zum *Wenkchemna Pass*.

▮ AUSKUNFT ▮

BANFF NATIONAL PARK

Besucherzentren am Highway 1 in Lake Louise und in Banff. *224 Banff Ave. | Tel. 403/762-15 50 | www.parkscanada.ca, www.banff lakelouise.com*

▮ ZIELE IN DER UMGEBUNG ▮

KANANASKIS COUNTRY

[132–133 C–D5] Banff ist zwar berühmter, doch diese Ferienregion direkt am sonnigen Westrand der Rockies zwischen Banff und Calgary steht dem Nationalpark in kaum etwas nach. Exzellente Sportmöglichkeiten kann das weitgehend unter Naturschutz befindliche Kananaskis Valley bieten: einen Meisterschaftsgolfplatz und ein weit gespanntes Netz von Rad- und Wanderwegen. Besonders beliebt ist am Südende des Tals der *Peter Lougheed Provincial Park* mit seinen von 3000er-Gipfeln umrahmten Seen. Schöne Wanderungen bietn die Pfade um den *Highwood Pass,* der Trail zu den *Ribbon Falls* und der ☀ *Mount Indefatigable Trail* mit besonders vielen schönen Aussichten.

Insider Tipp

Eine moderne, ruhige Anlage im Herzen der Ferienregion und ein guter Stützpunkt für Golfer und Wanderer ist die *Delta Lodge Kananaskis (251 Zi. | Kananaskis Village | Tel. 403/591-77 11 | www.deltahotels.com | €€–€€€).* Und ganz einsam in einem Hochtal liegt der rustikale Berggasthof *Mt. Engadine Lodge,* perfekt für Wanderer *(auch im Winter geöffnet | 5 Zi. und 2 Hütten | Canmore |*

Insider Tipp

Tel. 403/678-40 80 | www.mount engadine.com | inkl. Vollpension €€).

KOOTENAY NATIONAL PARK

[132 C5] Das noch weitgehend unerschlossene, 1406 km² große Schutzgebiet um das Tal des Kootenay River eignet sich vor allem für mehrtägige Wandertouren. Am Highway 93, der den Park durchquert, beginnen auch einige kürzere Pfade, etwa entlang des *Marble Canyon* und zu den leuchtend orange- und ockerfarbenen *Paint Pots,* aus denen damals die Indianer ihre Farben für die Kriegsbemalung gewannen. Am Südeingang des Parks sprudeln die manchmal bis zu 47 Grad heißen *Radium Hot Springs* in ein großes Badebecken.

CROWSNEST PASS

[132-133 C-D6] **Der Crowsnest Pass ist der südlichste Pass über die kanadischen Rockies.** Früher war er eine wichtige Handelsroute der Indianer, heute überquert hier der moderne Highway 3 auf 1396 m Höhe die dicht bewaldeten Berge. Crowsnest Pass besteht aus einer Reihe kleiner Orte wie *Bellevue, Frank* oder *Coleman,* die sich entlang des Highway dahinziehen. Sie alle entstanden um 1900 als Bergwerksstädte. Zu trauriger Berühmtheit kam Frank im Jahr 1903, als ein gewaltiger Bergrutsch den Ort verschüttete und 60 Tote forderte. Ein ausgezeichnetes Museum auf den noch heute zu erkennenden Steinhalden des damaligen *Frank Slide* zeigt die Pioniergeschichte der

ROCKY MOUNTAINS

Region *(Frank Slide Interpretive Centre | Sommer tgl. 9–18, sonst 10–17 Uhr | Eintritt 9 $)*.

Die *Tecumseh Mountain Ranch* ist eine urige Gästeranch, geführt von einer Berliner Auswandererfamilie kurz hinter der Grenze zu Alberta in sehr schöner Lage. Unterkunft in Blockhütten, auch Campingplatz *(6 Hütten | Hwy. 3 | Crowsnest Pass/ Blairmore | Tel. 403/563-39 00 | www.mountainguestranch.com)*.

Rockies. Weitere Gletscherblicke bietet die kurze Wanderung auf dem *Parker Ridge Trail* etwas südlich. Der 10 800 km² große, sehr wildreiche Park bietet noch mehr: die tosenden *Athabasca Falls* am Icefields Parkway und den idyllischen ✿ Bergsee *Maligne Lake* oder ein entspannendes Bad in den heißen Quellen von *Miette*. Unterkünfte und Restaurants finden Sie im einzigen Ort des Parks, *Jasper*.

Wellness in den bis zu 47 Grad heißen Quellen des Kootenay National Park

JASPER NAT. PARK

[132 B–C3–4] Das Erlebnis des strahlend weißen, bis fast an die Straße reichenden Athabasca Glacier am Icefields Parkway ist ein Höhepunkt jeder Tour in die

■ SEHENSWERTES ■

ATHABASCA GLACIER

Die Gletscherzunge ist Teil des 325 km² großen *Columbia Icefield,* eines Überbleibsels aus der letzten Eiszeit, das seine Schmelzwasser in drei Ozeane schickt: Atlantik, Pazifik und Polarmeer. Noch vor 100 Jahren

>LOW BUDGET

> Die Tageskarte für den Banff National Park und die anderen Parks der Rockies kostet 9,90 $. Deutlich günstiger ist für eine größere Rundreise ein *National Pass*: 68,35 $, für eine Kleingruppe bis 7 Personen in einem Fahrzeug 137,70 $. Die Pässe gelten für ein Jahr für alle neun Nationalparks in Alberta und British Columbia.

> Jugendherbergen sind in Kanada eher selten, doch in den Rockies gibt es in bester Lage rund ein Dutzend. Teils luxuriös, teils rustikal, aber alle ideal z.B. für eine Fahrradtour auf dem Icefields Parkway *(ab 18 $ bzw. 24 $ für Nichtmitglieder, keine Altersbeschränkung | www.hihostels.ca).*

> ▶▶ *Bruno's Bar & Grill* in Banff serviert Frühstück bis spätnachmittags, gute Burger und dicke Sandwiches – fast alles unter 10 $. Dazu gibt's junge Mountainbikerszene und abends Livemusik. *304 Caribou St.* | €

> Trotz ihres Namens spricht Freda Odenthal kein Wort Deutsch. Aber sie führt das einfache und günstige B&B in ihrem kleinen Hexenhaus mit viel Liebe. *Odenthal's B & B | 2 Zi. | 510 Buffalo St. | Tel. 403/762-20 81* | €

> Nur 15 $ kostet die bestimmt ungewöhnlichste Tageswanderung in den kanadischen Rockies. Das ist der Preis für die Fährfahrt über den Waterton Lake. Vom anderen Ufer aus führt der Trail steil bergauf und schließlich über eine Leiter und durch einen Tunnel zum *Crypt Lake* hoch in den Bergen des *Waterton Lakes National Park. Abfahrt im Sommer tgl. 9 und 10 Uhr | Waterton Townsite*

füllte das Eis das gesamte Tal, durch das heute der Highway 93 verläuft. Schilder am Straßenrand zeigen, wie schnell der Gletscher zurückwich. Die mit Fahrzeugen angebotenen Touren auf den Gletscher sind eher für Turnschuhtouristen. Sie können jedoch auch auf eigene Faust oder bei einem geführten *Ice Walk* aufs Eis *(Info: Visitor Centre am Hwy. 93)*.

JASPER TRAMWAY

Gondelbahn auf den ❄ *Whistler Mountain* zu einem herrlichen Panoramablick über das Tal von Jasper. Spazierwege um den Berggipfel. *Im Sommer tgl. 9–20, sonst 10–17 Uhr | Fahrpreis 25 $ | Whistler Rd. | Jasper*

MALIGNE CANYON

Brücken, Treppen und Wege erschließen die enge Klamm des Maligne River, der sich hier seinen tosenden Weg durch das Karstgestein bahnt. Mit Restaurant. *Maligne Lake Rd. | ca. 20 km östl. von Jasper*

■ ESSEN & TRINKEN ■

PAPA GEORGE'S

Gemütliches Lokal mit Bar im Astoria Hotel. Steaks und Fischgerichte. *404 Connaught Dr. | Jasper | Tel. 780/852-33 51* | €€

SOMETHING ELSE RESTAURANT

Unter griechischem Stuck gibt's Souvlaki und Moussaka, aber auch Pizzen und Steaks. *621 Patricia St. | Jasper | Tel. 780/852-38 50* | €–€€

■ ÜBERNACHTEN ■

ALPINE VILLAGE

Gepflegte Blockhütten im Tal des Athabasca River. Sehr gemütlich einge-

ROCKY MOUNTAINS

richtet, mit offenem Kamin. *41 Zi. | Hwy. 93A E | Jasper | Tel. 780/852-32 85 | www.alpinevillagejasper.com | €€–€€€*

FAIRMONT JASPER PARK LODGE
Die Luxusversion einer Blockhütte in der Wildnis: ein gepflegtes Ferienhotel in großer Parkanlage mit eigenem See am Ortsrand von Jasper.

■ FREIZEIT & SPORT ■

MALIGNE LAKE BOAT TOURS
Eineinhalbstündige Fahrten auf dem größten Gletschersee der Rockies mit seinem berühmten *Spirit Island.* Beste Zeit für die Fahrt ist der Spätnachmittag. *Im Sommer tgl. zur vollen Stunde 10–17 Uhr | Fahrpreis 43 $ | Reservierung in Jasper | 627 Patricia St. | Tel. 780/852-33 70*

Eiskalter Wassersport: Gletschersee Maligne Lake im Jasper National Park

Zimmer im Haupthaus, dazu am Seeufer hübsche alte Blockhütten mit Kamin. Zur Hochsaison etwas trubelig, sonst sehr gemütlich und ruhig. 18-Loch-Golfplatz und vier Tennisplätze. *746 Zi. | Tel. 780/852-33 01 | Jasper | www.fairmont.com | €€€*

TEKARRA LODGE
Rustikale Blockhütten mit Kamin am Ortsrand von Jasper. Gutes Restaurant. *42 Zi. | Hwy. 93A S | Jasper | Tel. 780/852-30 58 | www.unlimitedreservationservices.com | €€–€€€*

SKYLINE TRAIL RIDES
Halbtägige Ausritte, aber auch dreitägige Reittouren mit Übernachtung in einer Wildnislodge. *Vorab reservieren (Jasper): Tel. 780/852-42 15 | www.skylinetrail.com*

WANDERUNGEN
Die schönsten und beliebtesten Pfade für Kurzwanderungen finden Sie am Fuß des *Mount Edith Cavell* und am *Maligne Canyon.* Für Tageswanderungen und längere Touren eignen sich vor allem das *Tonquin Valley*

und die Wildnisregion um den *Brazeau Lake.*

JASPER NATIONAL PARK
Gegenüber dem Bahnhof an der Hauptstraße. *Jasper | Tel. 780/852-38 58 | Fax 852-49 32 | www.jasper canadianrockies.com*

In Kimberley geht's ganz bayrisch zu

MOUNT ROBSON PROV. PARK [132 B3–4]
In dem im Westen an Jasper angrenzenden Park liegt der mit 3954 m höchste Gipfel der Rocky Mountains, der Mount Robson. Bereits vom Highway 16 aus ist der Berg bei schönem Wetter gut zu sehen. Emp-

fehlenswert: eine ein- bis zweitägige Wanderung entlang des Robson River am Fuß des eisbedeckten Massivs. Ein angenehmer B & B-Inn mit Blick auf den Berg ist die ☼ *Mountain River Lodge (4 Zi. | Hwy. 16 | Valemount | Tel. 250/566-98 99 | www.mtrobson.com | €–€€).*

KIMBERLEY

[132 C6] „Oberbayern" heißt das Motto des Städtchens am Westrand der Rocky Mountains. Als 1972 das örtliche Bergwerk schloss und der Ort zu einer Geisterstadt zu werden drohte, beschlossen die Stadtväter, ihren Ort zum bayerischen Dorf zu machen. Die Bergszenerie ringsum stimmt, und auch die Architektur ist heute durchweg alpenländisch. Am „Platzl" an der Hauptstraße steht eine überdimensionale Kuckucksuhr, die Läden verkaufen bayerische Nippes, und in den Restaurants jodelt es vom Band. Sogar die Hydranten bekamen Lederhosen und Dirndl aufgemalt.

Gute Sandwiches und hausgemachte Suppe in einem duftenden Garten mit viel alpenländischem Schnitzwerk serviert das *Hillside Garden View (440 Spokane St. | Tel. 250/427-46 81 | €€).* Bei *Kootenay Rockies Tourism* gibts Infos über Unterkünfte, Ranches, Golfplätze und Wanderwege in der Region *(1905 Warren Ave. | Tel. 250/427-48 38 | www.kootenayrockies.com).*

FORT STEELE ★ [132 C6]
Rund 30 km östlich wird im Tal des hier noch jungen Columbia River die Goldgräberzeit der Region erlebbar:

Fort Steele war um 1865 ein Posten der Northwest Mounted Police und bald die größte Siedlung der ganzen Region – nach dem Goldrausch aber schnell vergessen. Heute lebt sie als Museumsstadt fort: Mehr als 60 Gebäude wurden restauriert oder aus der Umgebung hierher versetzt, kostümierte Schauspieler zeigen das Leben der Pioniere, die Postkutsche fährt durch den Ort *(Vorführungen Juli/ Aug. tgl. 9.30–18 Uhr | Eintritt 13 $)*.

Gepflegte Unterkunft bietet das historische *St. Eugene Resort* mit eigenem Golfplatz und Casino *(125 Zi. | Tel. 250/420-20 00 | www.st eugene.ca | €€)*.

WATERTON LAKES NAT. PARK

[133 D6] Der nur 525 km2 große Park am Rand der Prärien wurde nach den lang ge- streckten Gebirgsseen benannt, die weit über die Grenze bis in den Glacier National Park in Montana, USA, reichen. Gute Wanderwege führen ins von der Zivilisation immer noch völlig unberührte Hinterland. Ein besonders schöner Kurzwanderweg ist der Trail in den *Red Rock Canyon,* dessen feurig rote Wände aus 1,5 Milliarden Jahre altem Sedimentgestein bestehen.

Am *Cameron Lake* können Sie Boote und Kanus mieten und am Nordrand des Parks in einem Gehege eine kleine Bisonherde beobachten. Der beste Blick über See und Berge bietet sich von der ✿ Terrasse des *Prince of Wales Hotel* am Nordrand von *Waterton Park,* dem einzigen Ort im Schutzgebiet.

■ ÜBERNACHTEN ■
KILMOREY LODGE
Kleines, stilvoll-rustikales Hotel direkt am Seeufer gelegen. Gutes Restaurant im Haus. *23 Zi. | 117*

Während des großen Goldrausches tobte hier das Leben: Museumsort Fort Steele

Evergreen Ave. | Waterton Park | Tel. 403/859-23 34 | www.kilmoreylodge.com | €€

WATERTON LAKES LODGE

Geschmackvoll eingerichtetes Hotel, manche Zimmer mit offenem Kamin. Eine Jugendherberge ist angeschlossen. *80 Zi. | 101 Clematis Ave. | Waterton Park | Tel. 403/859-21 50 | www.watertonlakeslodge.com | €€ – €€€*

▓ TOUREN ▓

WATERTON SHORELINE CRUISES ⭐ ☸

Anbieter von Bootsfahrten auf dem *Upper Waterton Lake.* Der südlichste Punkt der Fahrt liegt im *Glacier National Park* in Montana, USA. Der Blick auf die gezackte Bergkulisse lohnt besonders frühmorgens. Auch Fährdienst für Wanderer. *Abfahrt von der Waterton Marina im Sommer tgl. 9, 10, 13, 16 und 19 Uhr | Fahrpreis 30 $ | Tel. 403/859-23 62*

YOHO NAT. PARK

[132 B–C4] Der „nur" 1313 km² große Park um die Täler von Kicking Horse und Yoho River an der Westflanke der Rocky Mountains ist weit weniger bekannt als der benachbarte große Bruder, der Banff National Park. Dementsprechend geht es dort deutlich ruhiger zu. Die Bergszenerie mit den zweithöchsten Wasserfällen Kanadas ist jedoch nicht weniger spektakulär. Der Park lässt sich gut bei einem Tagesausflug von Lake Louise oder Banff aus erkunden.

▓ SEHENSWERTES ▓

EMERALD LAKE ☸

Eindrucksvoll ist der von mehr als 3000 m hohen, vergletscherten Berghängen umgebene, smaragdgrün bis türkisblau schimmernde See, den Sie auf einem schönen Wanderweg umrunden können. Auch gut geeignet für Kanutouren.

KICKING HORSE PASS

Der Trans-Canada Highway durchquert den Park und klettert am Kicking Horse Pass (1647 m) über die Wasserscheide zwischen Pazifik und Eismeer. Um den großen Höhenunterschied zu bewältigen, bohrten die Bahningenieure hier vor 100 Jahren zwei Spiraltunnel in den Berg. Ku-

> SPEISEN WIE DIE TRAPPER?

Bärenschinken und Elchsteaks sind rar

Man möchte erwarten, in einem naturnahen, wildreichen Land wie Kanada öfters auch zarte Wildenten oder saftige Elchsteaks auf der Speisekarte zu finden. Weit gefehlt! Privat geschossenes Wild darf per Gesetz auch nur privat verzehrt werden – Wild fürs Restaurant muss aus einer Zucht kommen. So jagen die Kanadier ausschließlich für den Eigenverbrauch, und höchstens bei einer Privateinladung kommen Sie einmal in den Genuss von Wildgerichten. Doch die Jagdsaison ist im Herbst – und bis im Frühjahr die nächsten Besucher kommen, sind die Bärensteaks meist schon in die Pfanne gewandert.

rios: Oft kann man über 100 Waggons lange Güterzüge beobachten, deren Loks schon aus dem oberen Ende eines der Tunnel kommen, während die hinteren Wagen noch unten hineinfahren.

See. *85 Zi.* | *Field* | *Tel. 250/343-63 21* | *www.crmr.com* | €€€

KICKING HORSE LODGE

Moderne kleine Lodge, zentral, aber nahe der Bahnlinie gelegen. Mit

![Die smaragdgrüne Farbe des Emerald Lake im Yoho National Park macht seinem Namen alle Ehre]

TAKAKKAW FALLS ⭐

Ein grandioses Naturschauspiel sind die vom Schmelzwasser des *Wapta-Icefield* gespeisten, 384 m hohen Takakkaw Falls – die zweithöchsten Kanadas. Vor allem nachmittags tost das Wasser in einer Reihe von Kaskaden kräftig in die Tiefe.

■ ÜBERNACHTEN ■

EMERALD LAKE LODGE

Sehr gepflegtes, ruhig gelegenes Ferienhotel mit gutem Restaurant. Zimmer in großen Blockhütten am

kleinem Restaurant. *14 Zi.* | *Field* | *100 Centre St.* | *Tel. 250/343-63 03* | *www.kickinghorselodge.net* | €€

■ AUSKUNFT & TOUREN ■

YOHO VISITOR CENTER

Besucherzentrum mit kleinem Museum. Einmal pro Woche finden Führungen zu den Fossilienfunden des *Burgess Shale,* eines Schiefergesteins aus dem Kambrium statt. *Hwy. 1* | *Field* | *Tel. 250/343-67 83* | *Fax 343-60 12* | *www.burgess-shale. bc.ca*

> LAND DES WEIZENS UND DER WÄLDER

Unter den weiten Prärien Albertas verbergen sich Ölschätze – und Dinosaurier

> Sicher, die gletscherbedeckten Rocky Mountains sind die spektakulärste und bekannteste Region der Provinz Alberta. Doch darüber sollten Sie den riesigen Rest dieser Provinz nicht vergessen, denn die Rockies an der äußersten Westgrenze machen nur einen kleinen Teil der 661 000 km² großen Provinz aus. Östlich der Berge dehnt sich die unendliche Prärie Zentralkanadas aus, die nach Norden in die riesigen subarktischen Waldgebiete übergeht.

Alberta ist trotz allem Tourismus in den Rockies bis heute vor allem ein Land der Farmer und Rancher. Weit verstreut liegen kleine, verschlafene Örtchen. Doch nicht überall in der Provinz regiert Cowboy- und Trappernostalgie. Alberta ist auch das Land der Ölarbeiter und Hightech-Energiefirmen. Im Jahr 1914 sprudelte in Turner Valley bei Calgary die erste Ölquelle, 1947 wurden weitere große Öllagerstätten

Bild: Highway 1 bei Calgary

ALBERTA

nahe der Provinzhauptstadt Edmonton entdeckt. Seitdem boomen die beiden – heftig rivalisierenden – Großstädte Albertas, und die ölreiche Provinz liefert heute gut 80 Prozent der fossilen Energieressourcen ganz Kanadas. Das Erdmittelalter hat der Provinz aber nicht nur Öl und Kohle hinterlassen: In großen Sümpfen am Rand eines Urzeitmeers lebten damals Dinosaurier – ihre versteinerten Knochen tauchen heute allerorten an Flussböschungen und Schluchten in Südalberta aus den Sedimentschichten auf. Alberta gilt als der größte Dinosaurierfriedhof der Welt – sehr zur Freude aller Dino-Fans.

CALGARY

[133 D5] Beim Bummel durch die Stephen Street Mall erscheint die rund 1,1 Mio. Einwohner zählende Stadt als weltstädtische Metropole: Wolkenkratzer,

CALGARY

Boutiquen, Straßencafés, Skulpturen – ein stolzes Manhattan der Prärie. Grund für Prunk und protzige Autos gibt es genug: Der Ölboom der letzten Jahre hat der Stadt der Olympischen Winterspiele von 1988 einen rasanten Aufschwung gebracht.

Die Geschichte Calgarys begann 1875 mit der Gründung eines Polizeipostens am Bow River zur Bekämpfung des illegalen Whiskeyhandels. Im Jahr 1883 rollte dann der erste Zug der Transkanada-Bahnlinie durch die Prärien heran. Schon bald entstanden die ersten Ranches, und Calgary wurde das wichtigste Zentrum der Fleischindustrie in Kanada. Der Ölfund von 1914 in Turner Valley löste den ersten Ölboom in Kanada aus – seither ging es mit Calgary ständig bergauf. Die Stadt pflegt dennoch ihr Cowboy-Image und richtet alljährlich im Juli die weltberühmte *Calgary Stampede* aus, das größte Rodeo der Welt.

■ SEHENSWERTES

CALGARY TOWER ✿

An klaren Tagen wirklich super: der Panoramablick von diesem 191 m

In Calgary scheint vieles größer dimensioniert – ob Skulpturen oder Hochhäuser

hohen Turm mit Drehrestaurant. *Tgl. 9–21.30 Uhr | Eintritt 13 $ | 9th Ave./ Centre St.*

CANADA OLYMPIC PARK

Alles, was Sie schon immer über die Winterolympiade wissen wollten. *Mo–Fr 9–21, Sa/So 9–17 Uhr | Eintritt 6 $ | am Westrand der Stadt | Hwy. 1*

GLENBOW MUSEUM
Auf drei Etagen wird in diesem Haus die Geschichte der Indianer und Siedler im Westen Kanadas dokumentiert. *Tgl. 9–17, Do bis 21 Uhr | Eintritt 14 $ | 130 9th Ave. SE*

HERITAGE PARK HISTORICAL VILLAGE
Das Freilichtmuseum am Seeufer des Glenmore Reservoir zeigt in einem rekonstruierten Pionierdorf das Leben im „Wilden Westen" Kanadas. Mit Dampfzug und Schaufelraddampfer. *Im Sommer tgl. 9–17 Uhr, im Frühjahr und Herbst nur Sa/So | Eintritt 15 $ | 9–10 Uhr kostenloses Frühstück | 1900 Heritage Dr. SW*

INNENSTADT
Vom Calgary Tower gehen Sie durchs Zentrum zu den *Devonian Gardens (7th Ave./3rd St.),* einem hübschen botanischen Garten im Dachgeschoss einer Shoppingmall. Etwas nördlich an der Centre Street liegt das kleine *Chinatown,* in der das neue *Chinese Cultural Centre (197 1st St.)* die Blicke auf sich zieht. Östlich davon am Ufer des Bow River blieben noch die Grundfesten des einstigen Polizeipostens *Fort Calgary* erhalten (heute Visitor Centre).

ESSEN & TRINKEN
EAU CLAIRE MARKET
Beliebte Restaurants und Bars sorgen in diesem Shoppingcenter für Zulauf, z.B. ▶▶ *Bow River Barley Mill,* das Szenelokal ▶▶ *Joey Tomatoes* und die Poolbar *The Garage.*

WILDWOOD RESTAURANT
Insider Tipp

Regionalküche mit Spezialitäten wie Bisonrouladen oder Saibling *(arctic char).* Guter Pub im Keller. *2417 4th St. SW | Tel. 403/228-01 00 | €€–€€€*

EINKAUFEN
Westernkleidung, Stetsons und Cowboystiefel sind ohne jeden Zweifel die beliebtesten Souvenirs aus Calgary. Die beste Auswahl finden Sie bei *Alberta Boot* (614 10th Ave. SW) und *Lammle's Western Wear* im Heritage Store an der *Stephen Avenue Mall,* entlang der auch zahlreiche weitere Einkaufszentren liegen

Insider Tipp

AM ABEND
Zahlreiche Bars, Restaurants und Tanzclubs liegen entlang der ▶▶ 17th Avenue SW zwischen 4th und 8th Street. Für alle Country-&-Western-Fans lohnt sich die Fahrt nach Süden zum ★ *Ranchman's Saloon (9615*

MARCO POLO HIGHLIGHTS

★ **Ranchman's Saloon**
Steaks und Countrymusik – der Wilde Westen lebt! (Seite 81)

★ **West Edmonton Mall**
Das wohl größte Shoppingcenter der Welt (Seite 83)

★ **Royal Tyrrell Museum of Paleontology**
In Drumheller stehen riesige Dinosaurier in einer perfekter Urweltlandschaft (Seite 83)

★ **Head-Smashed-In Buffalo Jump**
Wo die Blackfoot-Indianer die Bisonherden über die Klippe jagten (Seite 85)

CALGARY

Macleod Trail S), wo sich, wie die Werbung glauben macht, nur die richtigen Cowboys treffen (Livemusik; werktags um 19 Uhr <mark>kostenloser Tanzunterricht im *Two-Step* und *Line-Dancing*</mark>). Wenn Sie nicht so weit fahren wollen: Gleich nahe der Innenstadt liegt das ▶▶ *Cowboys (425 5th St. SW)*, ebenfalls ein sehr beliebter Westernsaloon. Jazzfreunde dürfen einen Abend im *Beat Niq (811 1st. St. SW)* nicht versäumen..

■ ÜBERNACHTEN

ECONOLODGE
Gepflegtes Kettenmotel, das in der Nähe des Trans-Canada Highway liegt. *56 Zi. | 2440 16th Ave. NW | Tel. 403/289-25 61 | www.econolodge calgary.com | €*

FOUR POINTS SHERATON
Ein modernes Suitenhotel am Westrand der Stadt nahe dem Olympic Park. *150 Zi. | 8220 Bowridge Crescent NW | Tel. 403/288-44 41 | www. fourpointscalgarywest.com | €€*

KENSINGTON RIVERSIDE INN
Elegantes kleines Luxushotel am Bow River nahe der Innenstadt. *19 Zi. | 1126 Memorial Dr. NW | Tel. 403/228-44 42 | www.kensington riversideinn.com | €€€*

■ AUSKUNFT

TOURISM CALGARY
238 11th Ave. SW | Calgary | Tel. 403/ 263-85 10 | Fax 262-38 09 | www. tourismcalgary.com. Infokioske am Flughafen und im Calgary Tower.

■ ZIEL IN DER UMGEBUNG

DRUMHELLER   [133 D4]
140 km nordöstlich von Calgary liegen die *Alberta Badlands*, eine bizarre Erosionslandschaft am Red Deer River. Eine Fahrt entlang dem 54 km langen *Dinosaur Trail* zeigt vielfarbige Schuttkegel und seltsame

Für Dinosaurierfans ein Muss: Royal Tyrrell Museum of Paleontology in Drumheller

Felssäulen, in denen bereits viele Fossilien entdeckt wurden. Die eindrucksvollsten Fundstücke von Dinosauriern, die vor 65 Mio. Jahren diese Region bevölkerten, sind im ★ *Royal Tyrrell Museum of Paleontology* ausgestellt. Perfekt inszeniert, wird die Urzeit zum Leben erweckt. Ein Tyrannosaurus Rex ist dabei ebenso vertreten wie Dinosaurier mit Schwimmhäuten *(im Sommer tgl. 9 bis 21, sonst Di–So 10–17 Uhr | Eintritt 10 $ | www.tyrrellmuseum.com, www.virtuallydrumheller.com).*

EDMONTON

[133 D3] Pelzhändlerzeiten, Goldrausch, Ölboom – die Provinzhauptstadt Albertas hat sich von einem Dorf zu einer Metropole von heute rund 1 Mio. Einwohnern entwickelt. Arbeitsplätze bietet – neben den Regierungsbehörden – vorrangig die Ölindustrie. In der Stadt selbst ist jedoch von Industrie wenig zu merken, die schnurgeraden, im typischen Schachbrettmuster angelegten Straßen sind von gepflegten Wohnvierteln gesäumt, spiegelnde Bürotürme sprießen in der Innenstadt. Aus touristischer Sicht ist Edmonton mit seinem internationalen Flughafen vor allem ein Sprungbrett für Rundfahrten in die Rockies und – über Alaska Highway und Mackenzie Highway – in den hohen Norden Kanadas.

■ SEHENSWERTES

FORT EDMONTON PARK
Das weitläufige Freilichtmuseum zeigt die Stadtgeschichte von den Pelzhändlertagen bis ins 20. Jh. Das Fort der Hudson's Bay Company von 1845 wurde detailgetreu rekonstru-

iert. *Im Sommer tgl. 10–18 Uhr | Eintritt 13,25 $ | Whitemud Freeway*

INNENSTADT
Im modernen Zentrum auf einer Anhöhe über dem reizvollen, von großen Parkanlagen gesäumten Flusstal des North Saskatchewan River pulsiert das Leben rund um den *Sir Winston Churchill Square* mit seinen Kunstgalerien und Theatern. Hauptgeschäftsstraße ist die parallel verlaufende *Jasper Avenue.*

MUTTART CONSERVATORY
Am Flussufer gelegener botanischer Garten, dessen vier futuristische Glaspyramiden einen eindrucksvollen städtebaulichen Akzent vor der Skyline der Innenstadt setzen.

ROYAL ALBERTA MUSEUM
Pioniergeschichte, indianische Kultur und – besonders beeindruckend – die Welt der Dinosaurier. Häufig große Sonderausstellungen. *Tgl. 9–17 Uhr | Eintritt 10 $ | 12845 102nd Ave.*

■ ESSEN & TRINKEN

EAST BOUND BISTRO
Insider Tipp

Schickes Theaterlokal, bunt gemixte Ost-West-Küche. Bis 17 Uhr Happy Hour mit prima Sushi. *9828 101A Ave. | Tel. 780/428-24 48 | €– €€*

RIC'S GRILL
Legeres Steak- und Fischlokal im Zentrum. Gute Bar mit Tapas. *10190 104 St. | Tel. 780/429-43 33 | €€*

■ EINKAUFEN

WEST EDMONTON MALL ★
Das größte Einkaufszentrum der Welt ist Shoppingparadies und At-

traktion zugleich. Mehr als 800 Läden und Restaurants, ein großer Vergnügungspark, ein künstlicher See (mit U-Booten!) und sogar ein Wellenbad – alles unter einem Dach. Das muss man gesehen haben! *87th Ave./170th St. | www.westedmonton mall.com*

■ AM ABEND

Nachtschwärmer werden vor allem im Universitätsviertel Old Strathcona am Südufer des Saskatchewan River fündig. Um die 82nd Avenue (die hier Whyte Avenue heißt) liegen zahlreiche Cafés, Restaurants und Musikkneipen. Westernmusik-Fans sollten den ▶▶ *Cook County Saloon (8010 103rd St.)* ansteuern, Jazzfreunde finden gute Bands im *Yardbird Suite (102nd St./86th Ave.)*.

■ ÜBERNACHTEN

FANTASYLAND

Eine sehenswerte Kitschorgie: Gut 100 der 355 Zimmer sind nach Themen gestylt – arabisch, à la Hollywood oder mit Südseeflair. *17700 87th Ave. | Tel. 780/444-30 00 | www.fantasylandhotel.com | €€€*

ROYAL INN

Solides Mittelklassehotel nahe West Edmonton Mall. Nettes Bistro. *194 Zi. | 10010 178th St. | Tel. 888/388-39 32 | www.executivehotels.net | €–€€*

■ AUSKUNFT

EDMONTON TOURISM

9990 Jasper Ave. | Tel. 800/463-46 67 | Fax 425-52 83 | www.edmonton.com

■ ZIELE IN DER UMGEBUNG

ELK ISLAND NATIONAL PARK   [133 D3]

Der umzäunte, rund 200 km² große Park etwa 40 km östlich von Edmonton bietet geschützten Lebensraum für eine große Herde von Präriebisons, für Elche, Wapitihirsche und mehr als 200 Vogelarten.

REYNOLDS-ALBERTA MUSEUM   [133 D3]

Der große Museumskomplex knapp 60 km südlich von Edmonton widmet sich vor allem der ersten Hälfte des 20. Jhs. im Westen Kanadas: Landwirtschaftsgeräte und alte Flugzeuge, antike Autos und historische Filme. *Im Sommer 10–18, sonst Di–So 9–17 Uhr | Eintritt 9 $ | Wetaskiwin | Hwy. 13*

❯ BEGEGNUNG MIT BÄREN

Auf drei Arten von Bären können Sie treffen

Die Chancen für ein Bärenfoto stehen nicht schlecht: Schwarzbären kommen praktisch überall vor – sie schnüffeln neugierig auf Campingplätzen herum oder hoppeln auch mal gemächlich über den Highway. Anders die scheuen Grizzlybären, auf die Sie nur tief im Hinterland in den Rocky Mountains stoßen werden, oder gar die bis zu 600 kg schweren, extrem gefährlichen Eisbären, die nur in der hohen Arktis vorkommen. Aber auch gegenüber den so putzig erscheinenden Schwarzbären gilt Vorsicht: Halten Sie Abstand beim Fotografieren, verstauen Sie auf dem Campingplatz Ihre Lebensmittel abends im Auto, und spülen Sie die nach Steak duftenden Teller sofort nach dem Essen.

FORT MACLEOD

[133 D6] **Das kleinere Farmstädtchen (3000 Ew.) am Oldman River in der Prärie Südalbertas ist eine der ältesten Siedlungen im Westen.** Bereits im Jahr 1874 rückte die *Northwest Mounted Police* an und gründete hier ein Fort, um dem Whiskeyhandel mit den India-

HEAD-SMASHED-IN BUFFALO JUMP ★

Der Name sagt alles: Hier trieben die Indianer die Bisonherden über eine Steilklippe. Unten warteten die Frauen, um die Tiere zu zerlegen und das Fleisch als Proviant für den Winter zu trocknen. Das hervorragende Museum knapp 20 km westlich von Fort MacLeod im Blackfoot-India-

Shopping- oder Entertainmentcenter? Die West Edmonton Mall ist beides

nern Einhalt zu gebieten – der erste Außenposten weißer Zivilisation im Wilden Westen.

■ SEHENSWERTES ■

THE FORT MUSEUM OF THE NORTH WEST MOUNTED POLICE

Im (rekonstruierten) Polizeifort zeigen Studenten in historischen Uniformen der kanadischen Polizei während des Sommers täglich Reitvorführungen. *Im Sommer tgl. 9–18, sonst 9–17 Uhr | Eintritt 7,50 $ | 25th St./3rd Ave. | www.nwmpmuseum.com*

nerreservat erläutert Lebensweise und Jagdmethoden der Prärie-Indianer. *Im Sommer tgl. 9–18, sonst 10 bis 17 Uhr | Eintritt 9 $ | Hwy. 785 | www.head-smashed-in.com*

FORT MCMURRAY

[133 E1] **Gut 60 000 Arbeiter fördern hier in der Wildnis Nord-Albertas Öl. 27 Mrd. Tonnen Öl sollen die Teersande unter dem Ort nach den Berechnungen der Wissenschaftler bergen.** Seit den 1960er-

Jahren entstand ein moderner Bergwerksort inmitten der endlosen Wälder. Technikinteressierte können im hochmodernen *Oil Sands Discovery Centre* Einblick in die Ölgewinnung

dem sehr sehenswerten – *Nikko Yuko Japanese Gardens* im Henderson Park, eine gepflegte Parkanlage im traditionellen japanischen Stil *(Mitte Mai–Mitte Okt. tgl. 9–21 Uhr).*

Vom Wetter modelliert: die „Hoodoos" im Writing on Stone Provincial Park

nehmen. *Im Sommer tgl. 9–17, sonst Di–So 10–16 Uhr | Eintritt 6 $*

LETHBRIDGE

[133 D6] Mit gut 67 000 Einwohnern ist der Farmerort die wichtigste Stadt im Süden Albertas. Im *Indian Battle Park* am Westrand der Stadt liegt das seit den Pioniertagen berüchtigte *Fort Whoop-up,* wo amerikanische Whiskeyhändler damals die Indianer um ihre Felle betrogen *(Juni–Aug. Mo–Sa 10–18, So 12–17 Uhr).* Etwas deplatziert wirken hier in der Prärie die – trotz-

■ ZIEL IN DER UMGEBUNG ■

WRITING ON STONE PROV. PARK [133 D6] *Hoodoos,* von Wind und Wetter seltsam geformte Steinsäulen, sind die Attraktion im Tal des Milk River südlich von Lethbridge. Den Indianern war die Region heilig, und sie hinterließen zahlreiche Felszeichnungen. *Im Sommer tgl. Führungen | Anmeldung unter Tel. 403/647-23 64*

MEDICINE HAT

[133 E5] Die größte Stadt im Südosten Albertas (57 000 Ew.) lebt überwiegend

von der Erdgasindustrie, ist ein wichtiger Stopp am Trans-Canada Highway und ein Versorgungszentrum für die Farmen im weiten Umkreis. Der seltsam klingende Name des Städtchens stammt vermutlich aus den Zeiten der Kriege mit den Blackfoot- und Cree-Indianern, als ein Medizinmann der Cree im Kampf seinen Kopfschmuck verlor, seine Stammesgenossen dies als böses Omen deuteten und damit eine blutige Niederlage ausgelöst wurde.

■ ZIELE IN DER UMGEBUNG ■

CYPRESS HILLS PROV. PARK [133 E5–6]

In der Prärie ragen 100 km südöstlich von Medicine Hat die Cypress Hills auf – eine grüne Oase in der weiten Ebene. Zu den Eiszeiten war die Region nicht von Gletschern bedeckt, und so konnte sich eine für die Prärien untypische Vegetation erhalten. In *Loch Leven* können Sie Kanus und Fahrräder mieten. Übernachtungstipp: *Historic Reesor Ranch,* eine originale, hundert Jahre alte Ranch unmittelbar jenseits der Grenze zu Saskatchewan, auf der Gäste in sieben B & B-Zimmern wohnen können *(Walsh | Tel. 306/662-34 98 | www. reesorranch.com | €).*

DINOSAUR PROV. PARK [133 E5]

Das Flussbett des Red Deer River knapp 200 km nordwestlich ist eine der besten Fundstätten für Dinosaurierfossilien weltweit. 35 Arten von Urzeitechsen hat man bereits entdeckt. Die Unesco hat diese Region sogar zum Welterbe erklärt. Lehrpfade und Bustouren führen zu den Ausgrabungsstätten, ein Visitor Centre zeigt eine Auswahl der Funde.

>LOW BUDGET

> Die *Olympic Plaza* auf der Ostseite der Innenstadt *(200 8th Ave.)* ist das Erbe der Olympischen Spiele von 1988 in Calgary. Hier finden im Sommer freie Mittagskonzerte statt, im Winter ist die Plaza ein kostenloser Eislaufplatz.

> Das Fremdenverkehrsamt Edmonton bietet auf seiner Webseite vergünstigte Coupons für Museumseintritte und weitere spezielle Angebote: *www.edmonton.com.* Hier finden Sie auch Infos über die verblüffend vielen Konzerte und Festivals der Stadt. Karten gibt's kurzfristig bei *Tix on the Square (9930 102 Ave. NW).*

> Planung lohnt sich: Wenn Sie nach British Columbia fahren, sollten Sie schon in Alberta einkaufen. Hier gibt es keine Provinzsteuer, jenseits der Grenze sind es 7 Prozent. Vor allem Wein und anderer Alkohol ist in Alberta billiger.

> Verrücktere Sprünge gibt es nirgendwo und Zuschauen kostet nichts: Der ▶▶ *Calgary Millenium Park* ist bestimmt der größte Skaterpark der Welt. Direkt am Westende der Innenstadt *(1220 9th Ave. SW)* warten fast 7000 m² Pisten auf die Weltklasse-Cracks der Skateboardszene. Wer will, darf auch selber fahren – rund um die Uhr.

> Outlet Malls sind in Kanada längst nicht so verbreitet wie in den USA, doch Calgary hat die *Deerfoot Mall:* 70 Läden mit Discountverkauf. Gute Outdoorklamotten gibt es bei *Sport Check,* Schuhe bei *Aldo. 901 64 Ave. NE | Calgary | www.deerfoot mall.ca*

> AUF DEN SPUREN VON JACK LONDON

Unterwegs auf den Straßen im hohen Norden treffen
Sie oft stundenlang keine Menschenseele

> Für Wildnisfans und Naturfreunde ist
die Region nördlich des 60. Breitengrads
der schönste Teil Kanadas. Es ist ein
raues, weitgehend unberührtes Land, dessen herbe Schönheit reichlich Stoff bieten
für Erzählungen von Trappern, Goldsuchern und verschollenen Expeditionen.

Es ist vor allem auch ein riesiges
Land: Die Nord-Territorien umfassen
gut ein Drittel der Fläche Gesamtka-
nadas. Politisch ist der Norden in drei
Territorien gegliedert: das gebirgige
Yukon Territory im Westen, das vor
rund 100 Jahren am Klondike den
größten Goldrausch aller Zeiten er-
lebte, die Northwest Territories, die
sich rings um das gewaltige Tal des
Mackenzie River und den Great
Slave Lake erstrecken, und das erst
1999 gegründete Territorium Nunavut, das von der Hudson Bay bis zum
Nordpol reicht. Nur etwa 31 000
Menschen leben im Yukon Territory,
gerade mal 70 000 in den Northwest

Bild: Am Dempster Highway

NORD-
TERRITORIEN

Territories und in Nunavut, das überwiegend von Inuit bewohnt und auch politisch geführt wird. In den Northwest Territories leben vor allem Dene-Indianer, die nun ebenfalls ein eigenständiges Gebiet fordern.

Gute Ausrüstung und genaue Planung sind überlebenswichtig für eine Tour in den Norden, auch wenn es im Sommer hier durchaus angenehm warm wird (bis zu 30 Grad). Am einfachsten ist das Reisen in der Region um den Great Slave Lake und im Yukon Territory, wo es Straßen und eine touristische Infrastruktur gibt. Hier erwarten Sie vergletscherte Gebirgszüge und die gewaltigen Täler von Yukon und Mackenzie River.

Die wichtigsten Nordlandrouten stellen der Alaska Highway und der Mackenzie Highway von Edmonton nach Yellowknife am Great Slave Lake dar. Von ihnen ausgehend führen teils nur geschotterte Wildnisstraßen ins Hinterland: der Liard Highway zum Nahanni National Park, der Klondike Highway zum historischen Goldgräberland Jack Londons um Dawson City. Alle übrigen Arktisregionen erreichen Sie ausschließlich per Flugzeug.

DAWSON CITY

[124 A5] ★ Die Goldgräberzeit lebt fort in dieser Fast-Geisterstadt, die früher als „Paris des Nordens" gefeiert wurde.

zwar mittlerweile vom Tourismus, aber in der Umgebung schürfen auch heute noch einige Unbeirrbare nach Gold. Der schönste Blick über die Stadt bietet sich vom 1000 m hohen ✴ Midnight Dome, auf den eine Schotterstraße führt.

■ SEHENSWERTES ■

DAWSON CITY MUSEUM

Mit historischen Fotos, Bergbaugerät und Goldgräberwerkzeugen wird die große Ära der Stadt nachgezeichnet.

Der französische „Cancan" begeisterte schon vor 100 Jahren die Goldgräber in Dawson City

Rund 30000 Menschen lebten hier zur Zeit des *Klondike Gold Rush* um 1900. Bis heute prägen Brettergehsteige und Holzfassaden im Wildwestlook das mittlerweile unter Denkmalschutz gestellte Stadtbild Dawsons an der Mündung des Klondike River in den Yukon. Die rund 2000 Einwohner der Stadt leben

Auch Film- und Goldwaschvorführungen. *Im Sommer tgl. 10–18 Uhr | Eintritt 7 $ | 5th Ave./Church St.*

HISTORISCHER BEZIRK

In der *Diamond Tooth Gertie's Gambling Hall* tanzen die Cancan-Girls, im *Palace Grand Theatre* werden Melodramen aufgeführt, und in der ehemaligen *Hütte von Jack London* liest der wieder auferstandene Jack aus seinen Romanen. Viele der renovierten alten Gebäude können besichtigt werden, so etwa das alte *Postamt* an der King Street, *Harrington's Store* an der 3rd Avenue (mit Fotoausstellung), die elegante *Commissioner's Residence* (Führungen) an der Front Street sowie der historische *Schaufelraddampfer S. S. Keno* am Ufer des Yukon River.

ESSEN & TRINKEN

KLONDIKE KATE'S
Gemütliches Lokal in historischem Bau mit Terrasse. Große Speisekarte und guter Kaffee. *3rd Ave./King St.* | *Tel. 867/993-65 27* | €€

ÜBERNACHTEN

BOMBAY PEGGY'S
Das ehemalige Bordell ist heute eine gepflegte Pension. Aber eine gute ▸▸ Kneipe gibt es noch immer. *7 Zi.* | *Princess St./2nd Ave.* | *Tel. 867/993-69 69* | *www.bombaypeggys.com* | €€

ELDORADO
Die 52 Zimmer sind modern und komfortabel, aber nicht übermäßig luxuriös. Mit Restaurant und Saloon.

3rd Ave./Princess St. | *Tel. 867/993-54 51* | *www.eldoradohotel.ca* | €€

AUSKUNFT

VISITOR RECEPTION CENTRE
Das Visitor Centre organisiert auch Diashows und Führungen durch die Stadt. *Front St./King St.* | *Tel. 867/993-55 66* | *www.dawsoncity.org*

ZIELE IN DER UMGEBUNG

BONANZA CREEK [124 A5]
In diesem Seitental des Klondike River 5 km südlich wurde 1896 das erste Gold entdeckt. Riesige Schutthalden und die große alte Goldwaschanlage *Dredge No. 4* zeugen von den Strapazen der Goldgräber.

DEMPSTER HIGHWAY ⭐ [124 A–C2–5]
Über 700 km führt diese Wildnisstraße von Dawson City durch weithin menschenleere Tundraregionen nordwärts über den Polarkreis bis zur Inuit-Siedlung *Inuvik* im Mackenzie-Delta. Auf zwei winzige Indianerdörfer und eine Tankstelle treffen Sie auf der gesamten Strecke, sonst gibt es nichts als arktische Wildnis. Besonders schön ist die Strecke, die 1959 vollendet wurde, zur Zeit der Herbstfärbung Anfang September.

MARCO POLO HIGHLIGHTS

⭐ **Dawson City**
Die Goldstadt am Klondike ist noch heute ein sehr lebenslustiges Städtchen (Seite 90)

⭐ **S.S. Klondike**
Ein originaler Schaufelraddampfer der Goldgräbertage (Seite 94)

⭐ **Dempster Highway**
700 km Wildnisroute von Dawson City bis ins Mackenzie-Delta (Seite 91)

⭐ **Prince of Wales Northern Heritage Centre**
Pioniergeschichte und Kultur der Ureinwohner (Seite 95)

TOP OF THE WORLD HIGHWAY/
TAYLOR HIGHWAY ☀ [124 A5]

Die schönste Verbindung vom Yukon Territory nach Alaska: 270 km Panoramafahrt über einsame Bergkuppen, durch grüne Täler und vorbei an alten Goldgräberrevieren. Nur ein einziger Ort liegt am Weg: das alte Bergbaunest *Chicken* in Alaska. Bei *Tok* schließt der Highway 9 an den Alaska Highway an – so wird eine Rundfahrt zurück nach Whitehorse möglich *(Straße nur Ende Mai–Sept. geöffnet)*.

HAINES JUNCTION

[126 B2] **Der winzige, bergumrahmte Ort, in dem der Alaska Highway auf den Haines Highway trifft, ist ein guter Ausgangspunkt für Touren in den Kluane National Park, eine gut 22 000 km^2 große, völlig unerschlossene Bergwildnis im westlichsten Zipfel des Yukon-Territoriums.** Hier, in den eisbedeckten St. Elias Mountains an der Grenze zu Alaska, liegt der *Mount Logan*, mit 5959 m höchster Berg Kanadas. Der Alaska Highway folgt am Nordrand des Parks (Diashow im Visitor Centre) dem Ufer des 400 km^2 großen *Kluane Lake*, von dem aus Trails in die Vorberge der *Kluane Ranges* führen. Im Osten des Parks bietet *Kathleen Lake* ein schönes Wandergebiet.

Die ☀ *Kluane B & B* bietet rustikale Hütten, prima *Pancake*-Breakfast und dazu eine spektakuläre Lage am Ufer des Kluane Lake *(8 Zi. | Tel. 867/841-42 50 | Alaska Hwy., 55 km westl. von Haines Junction | www.kluanecabins.com | €)*. *Paddle Wheel Adventures* vermietet Mountainbikes und Kanus, vermittelt Sightseeingflüge, Raftingtouren und geführte Wanderungen *(Tel. 867/634-26 83 | www.paddlewheeladventures.com)*.

INUVIK

[124 C2] **Rund 3000 Menschen, Inuit, Dene und Weiße, leben hier am Ostrand des gewaltigen Mackenzie-Deltas und machen dem Ortsnamen „Platz des Menschen" alle Ehre.** Wenn Sie die 700 km lange Fahrt auf dem Dempster Highway von Dawson City aus gewagt haben, lohnen sich von hier aus Flugtouren in die Umgebung: etwa zum Trapperort *Aklavik* inmitten des 80 km breiten Flussdeltas, zur alten Walfängerstation auf *Herschel Island*, zur Inuit-Siedlung *Tuktoyaktuk* an der Polarmeerküste u.a. über *Arctic Nature Tours (Tel. 867/777-33 00 | www.arcticnaturetours.com).*

Nebenan zeigt ein modernes *Interpretive Centre* die Geschichte des Alaska Highway.

■ ZIEL IN DER UMGEBUNG ■

MUNCHO LAKE   [127 E3]

Der smaragdgrüne, 11 km lange See rund 300 km südöstlich liegt direkt am Alaska Highway (in B.C.). In den

Polarlichter in Inuvik: Die geisterhaften Lichtspiele sind vor allem im Winter häufig zu sehen

WATSON LAKE

[127 D–E3] Seit dem Bau des Alaska Highway 1942 ist der Ort (1800 Ew.) im südlichen Yukon Territory ein wichtiger Versorgungsstützpunkt. Aus jener Zeit stammt auch der *Watson Lake Signpost Forest,* ein Schilderwald mit Ortstafeln aus aller Welt, der vor 50 Jahren von einem heimwehkranken Soldaten begonnen wurde.

Liard Hot Springs können Sie den Staub der Wildnis abwaschen. Die *Northern Rockies Lodge* bietet Unterkünfte am Seeufer und Flugsafaris in den Nahanni Park *(45 Zi., 10 Hütten | Meile 462 | Tel. 250/776-34 81 | www.northern-rockies-lodge.com | €€).*

Insider Tipp

NAHANNI NAT. PARK   [127 E–F1–2]

Ein Park für Wildwasserfreaks eine Flugstunde nordöstlich von Watson

Lake: Der *South Nahanni River* durchströmt auf 320 km die *Mackenzie Mountains,* stürzt über die 90 m hohen *Virginia Falls* und schäumt durch bis zu 900 m tiefe Schluchten. Geführte Kanutouren und Wildnisexpeditionen ab Whitehorse, z.B. mit *Nahanni River Adventures (Tel. 867/668-31 80 | www.nahanni.com).*

WHITEHORSE

[126 C2] Auf der breiten Uferbank am Yukon River dehnt sich die geschäftige Hauptstadt (23 000 Ew.) des Yukon Territory aus. Im *MacBride Museum* und im *Old Log Church Museum* können Sie die Blütezeit der Stadt um 1900 nacherleben, als Tausende von Goldsuchern mit Flößen und selbst gebau-

Schaufelraddampfer in Whitehorse

ten Booten durch den Miles Canyon kamen, um zu den Goldfeldern von Klondike zu ziehen. Die ⭐ *S.S. Klondike,* ein 1937 erbauter und liebevoll restaurierter Schaufelraddampfer der Goldära, liegt heute trockengelegt am Ufer des Yukon River *(tgl. 10–18 Uhr | Eintritt 6 $ | 2nd Ave.).*

Deftige Mexikokost erhalten Sie im ▶▶ *Sam 'n' Andy's Tex Mex*, ein Restaurant mit Bar und schöner Terrasse *(506 Main St. | Tel. 867/668-69 94 | €–€€).* Gut übernachten können Sie im zentral gelegenen *High Country Inn* der gehobenen Mittelklasse mit der Yukon Mining Company, einer beliebte Bar mit Terrasse. *(85 Zi. | Tel. 867/667-44 71 | 4051 4th Ave. | www.highcountryinn.yk.ca | €€)* oder auch in der schön am Marsh Lake gelegenen Logde *Inn on the Lake* im Blockhüttenstil mit hervorragender Küche *(8 Zi. | Tel. 867/660-52 53 | Alaska Hwy. km 1415 | www. exceptionalplaces.com | €€–€€€).*

Ausstattung für Kanufahrten auf dem Yukon nach Dawson City und geführte Touren offeriert *Kanoe People (Tel. 867/668-48 99 | www.kanoe people.com).* Gut ist auch die gemeinsame Website der *Wilderness Tourism Ass.* von 29 Abenteuerveranstaltern *www.yukonwild.de.*

Auskunft: *Tourism Yukon | Hanson St./2nd Ave. | Whitehorse | Tel. 867/ 667-53 40 | info@touryukon.de*

■ ZIEL IN DER UMGEBUNG

ATLIN ❄ **[126 C3]**

Vor allem wegen seiner herrlichen bergumrahmten Lage am gleichnamigen See lohnt Atlin den rund 170 km langen Weg gen Süden. Das malerisch verwitterte Goldgräberdorf, das schon im Jahr 1898 während des Klondike Gold Rush gegründet wurde, liegt zwar eigentlich noch in British Columbia, ist aber nur vom Yukon Territory aus erreichbar. Heute leben rund 500 Menschen in und um Atlin: Goldgräber, Künstler, Aussteiger. Eines müssen Sie hier unbedingt machen: einen Rundflug über die gletscherbedeckten Coast Mountains, etwa mit *Atlin Air Charters (Tel. 250/651-00 25).* Oder Sie unternehmen mit *Atlin Quest (Tel. 250/651-74 52 | www.atlinquest.com)* eine Boots- oder Hikingtour tief ins fast völlig unberührte Hinterland der Region.

YELLOWKNIFE

[129 D2] ☀ **Vom** *Pilot's Monument* **auf einer kahlen Felskuppe bietet sich der beste Blick über die moderne Hauptstadt der Northwest Territories.** Die 17000 Einwohner sind in der Verwaltung beschäftigt oder in den beiden Goldbergwerken. Nördlich der Stadt wurden außerdem um 1990 Diamanten entdeckt, heute gibt es bereits die ersten Diamantminen. Im fraglos besten Museum der Northwest Territories, dem ★ *Prince of Wales Northern Heritage Centre,* können Sie Ausstellungen über Flora und Fauna der Arktis sowie hervorragende Skulpturen der Inuit bewundern *(im Sommer tgl. 10.30–17.30 Uhr | Eintritt frei | Frame Lake St./48th St.).*

Herzhafte Pionierküche und Karibusteaks gibt's in *The Wildcat Café (3904 Wylie Rd. | Tel. 867/873-88 50 | €€).* Zum Übernachten empfiehlt sich die *Bathurst Inlet Lodge,* eine Wildnislodge an der 600 km entfernten Polarmeerküste mit Flugdienst ab Yellowknife und Hilfe bei Planung von Wildnistouren *(lange vorab reservieren! 10 Zi. | Tel. 867/873-25 95 | www.bathurstinletlodge.com | €€€).*

Auskunft: *NWT Arctic Tourism (Yellowknife | Tel. 867/873-72 00 | Fax 873-40 59 | www.explorenwt.com).*

Eine über 3000 Tiere zählende Bisonherde lebt im Wood Buffalo National Park

■ ZIEL IN DER UMGEBUNG ■

WOOD BUFFALO NAT. PARK [129 D–E3–5]
Mit 45000 km^2 ist das Schutzgebiet im Flussdelta von Peace River und Athabasca River Kanadas größter Nationalpark. Die endlosen Wälder sind die Heimat einer frei lebenden Bisonherde von über 3000 Tieren. In den Sumpfgebieten nisten zahlreiche Wasservögel, darunter seltene Schreikraniche und weiße Pelikane. Von *Fort Smith* (Visitor Centre) aus führen einige Schotterpisten in das Schutzgebiet, und auf dem Slave River können Sie Bootstouren unternehmen.

> AUF DEN SPUREN DER TRAPPER

Die schönsten Routen durch die Wälder

Die Touren sind auf dem hinteren Umschlag und im Reiseatlas grün markiert

1 PRÄRIEN, BERGE UND MEER: EINMAL VON OST NACH WEST

Eine Schnuppertour, ideal für Erstbesucher. In 8–10 Tagen erleben Sie die Vielfalt der Natur Westkanadas: von den Prärien bei Calgary zu den eisbedeckten Gipfeln der Rocky Mountains, von den waldreichen Seenplatten im Inneren British Columbias bis zur Pazifikküste in Vancouver. Und es bleibt Zeit für Wanderungen oder andere Aktivitäten. Die Fahrt können Sie gut mit den folgenden Routen zu einer längeren Rundfahrt verbinden. Beste Reisezeit für die etwa 1500 km lange Strecke: Juni bis Anfang Oktober.

Calgary *(S. 78)* verdient einen Tag Aufenthalt für Museumsbesuche und zum Shoppen in den modernen Malls der Innenstadt. Dann aber geht es los, westwärts in die Weite des Landes: Der **Trans-Canada Highway** führt am Bow River entlang durch das alte Stammesland der Blackfoot-Indianer

Bild: Moraine Lake, Banff National Park

AUSFLÜGE & TOUREN

von der Prärie in die Berge. Bei **Canmore** rücken die Berge näher an den Highway 1, und es folgt – direkt hinter dem ersten Schild, das vor Bären warnt – der Eingang zum **Banff National Park** *(S. 66.)*, dem ältesten und berühmtesten Schutzgebiet der Rockies. Zwei Nächte sollten Sie im Ort **Banff** oder in **Lake Louise** einplanen, um Zeit für Wanderungen in die Bergwelt zu haben – am **Moraine Lake** etwa oder im **Johnstone Canyon**. Machen Sie von Lake Louise aus einen Abstecher in den weniger bekannten **Yoho National Park** *(S. 76)*, wo die höchsten Wasserfälle der Rockies, die **Takakkaw Falls**, aus dem Waputik-Eisfeld sprudeln.

Weiter nach Norden: Für die Fahrt auf dem ❄ **Icefields Parkway** *(S. 67)* sollten Sie Ihre Kamera bereithalten. Besonders schön: die enge Klamm des **Mistaya River** und der herrliche Panoramablick am **Waterfowl Lake**. Nach dem steilen Anstieg zum 2035 m hohen Sunwapta Pass ist bei Schönwetter eine rund zweistündige Wanderung

Insider Tipp

auf dem *Parker Ridge Trail* zu empfehlen, ehe die Route am Athabasca Glacier *(S. 71)* vorüber in den Jasper National Park *(S. 71)* führt. Auch hier lohnt ein Pausentag: zum Wandern im Maligne Canyon *(S. 72)* und zu einer Bootsfahrt auf dem Maligne Lake. Der Highway 16 führt westwärts über die Grenze nach British Columbia (Zeitgrenze: –1 h). Mit etwas Glück ist es sonnig, und der Mount Robson *(S. 74)* zeigt sein eisbedecktes Haupt.

Nun wird es einsam: Von Valemount, im Winter ein Zentrum der Heliskifahrer, verläuft der Highway 5 durch völlig unerschlossene Bergregionen an der Westflanke der Rockies nach Süden. Nur alle 50 bis 80 km ein Ort, eine Tankstelle. Erst nach einem Abstecher zu den Wasserfällen im ebenso einsamen Wells Gray Provincial Park *(S. 59)* erreichen Sie im Ranchland um Kamloops *(S. 52)* wieder die Zivilisation. Im Tal des Thompson River schlängelt sich der Trans-Canada Highway weiter nach Westen. Fast wüstenhaft trocken ist es hier im „Interior" von B.C., ein Land wie aus einem Western. Dazu

Insider Tipp

passt gut ein Besuch auf der *Hat Creek Ranch* bei Cache Creek: eine originalgetreu erhaltene Postkutschenstation *(tgl. 9–17 Uhr | Eintritt 8 $)*. Noch mehr Pionierflair wartet in Lillooet, einem klassischen Pionierstädtchen am Beginn der Cariboo Road, der alten Route der Goldgräber. Tipp: eine dampfende Portion Fish & Chips in Lou's Drive-In an der Main Street.

Von Lillooet folgt die Route dem Fraser River zum Meer. Einen tief eingeschnittenen Canyon hat sich der Strom durch die Coast Mountains gegraben. Das engste und wildeste Stück liegt südlich von Lytton *(S. 54)*. Dichte Wälder überziehen die Berghänge und begleiten den Highway 1 durch das nun breiter werdende Fraser Valley bis zur Endstation der Reise in Vancouver *(S. 30ff.)*.

2 DER SÜDEN: WÄLDER UND STILLE SEEN

Der sonnige Süden der Provinzen eignet sich zum gemütlichen Feriengenuss in Wildwestnestern und an lang gestreckten Seen. An Attraktionen für Naturfreunde mangelt es nicht: Am Weg liegen Nationalparks wie Waterton Lakes, Museumsdörfer wie Fort Steele und Geisterstädte aus der Goldgräberzeit. Als Zeitbedarf sollten Sie für die knapp 1900 km lange Route 10 Tage einplanen.

Von Vancouver *(S. 38)* führt die Route zunächst im breiten, fruchtbaren Fraser Valley ostwärts. Schön zur Einstimmung auf die Reise ins Pionierland: ein Stopp im Museumsdorf Fort Langley *(S. 37)*, in dem die Tage der Pelzhändler nachgestellt werden.

Vom Örtchen Hope aus klettert der Highway 3 in die Coast Mountains zum waldreichen Manning Provincial Park, wo im Frühjahr wilde Rhododendronbüsche üppig blühen (Wanderwege, *Trail Rides*). Vom 1346 m hohen Allison Pass gehts dann hinab auf die trockene, sonnige Ostseite der Berge in das Tal des Similkameen River. Obstplantagen säumen die Talsohlen, und an Straßenständen verkaufen die Farmer Kirschen und Pfirsiche.

Osoyoos liegt nahe an der US-Grenze und erinnert mit seinem Ba-

AUSFLÜGE & TOUREN

debetrieb am Osoyoos Lake fast an einen mediterranen Ferienort. Die Route folgt nun dem Okanagan Valley (S. 55.) nordwärts – vorbei an Sandstränden, Obstgärten und Weinbergen. Nördlich von Vernon wird es dann am Trans-Canada Highway schnell wieder einsamer und ruhiger. Tief in den Wäldern der Monashee Mountains ein historischer Stopp: Craigellachie, jene schicksalhafte Bahnstation, wo am 9. November 1885 der letzte Nagel der transkanadischen Bahnlinie eingeschlagen wurde.

Gönnen Sie sich im Mount Revelstoke National Park (S. 54) während des Sommers unbedingt eine Fahrt zu den Blumenwiesen am Gipfel. Danach geht es auf den Highways 23, 31 und 3A südlich in die Region der Arrow Lakes (S. 55) – kaum erschlossenes Pionierland mit weit verstreuten kleinen Orten, herrlichen Provincial Parks in einsamer Bergnatur und lang gestreckten Seen, die die Highways auf Autofähren überqueren. Lohnende Stopps am Weg: die heißen Quellen von Nakusp und Ainsworth, die kleine Geisterstadt Sandon aus der Silberboomzeit um 1890 und der pittoreske alte Bergwerksort Nelson. Im Kokanee Creek Provincial Park können Sie im August die Lachse beim Laichen beobachten. Übernachtungstipp: die von Gärten umrahmte historische Willow Point Lodge (7 Zi. | 2211 Taylor Dr. | Tel. 250/825-94 11 | www.willowpointlodge.com | €€ – €€€).

Wieder nahe der US-Grenze führt die Route weiter (Zeitgrenze: +1 h) nach Cranbrook (großes Eisenbahnmu-

Blütenpracht am Gipfel des Mount Revelstoke im gleichnamigen Nationalpark

seum) und zum Museumsdorf **Fort Steele** bei **Kimberley** *(S. 74)*. Im Osten ragen nun schon die Gipfel der Rocky Mountains auf, die der Highway 3 auf 1396 m Höhe am **Crowsnest Pass** *(S. 70)* überquert. Das **Frank Slide Visitor Centre** schildert dort das harte Leben der Kohlebergleute Ende des 19. Jhs.

Bei **Pincher Creek** zielt der Highway hinaus in die unendliche Prärie – doch zuerst noch ein Abstecher nach Süden: in die erhabene Bergwelt des **Waterton Lakes National Park** *(S. 75)*, der mit Bootstouren und Wandertrails lockt. Dann geht es endgültig hinaus aus den Bergen und über **Fort MacLeod** *(S. 75)* mit seinem hervorragenden Indianermuseum nordwärts durch das Ranchland von Alberta zum Endpunkt der Tour, der Ölmetropole **Calgary** *(S. 78.)*.

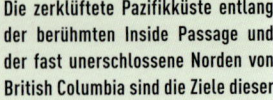

3 DIE WESTKÜSTE: FJORDE UND GRÜNE INSELN

Die zerklüftete Pazifikküste entlang der berühmten Inside Passage und der fast unerschlossene Norden von British Columbia sind die Ziele dieser Route. Eine Fahrt ins Reich der Indianer, Holzfäller und Pionierfarmer. Die Strecke: 2400 km ohne Fährstrecken. Zeitbedarf: ca. 14 Tage. Wichtig: eine Reservierung für die Fährfahrt von Port Hardy nach Prince Rupert.

Vom Fährhafen **Tsawwassen** am Südrand von **Vancouver** *(S. 30)* legen im Stundentakt die Autofähren nach **Vancouver Island** *(S. 38)* ab. Von hier ist es nicht weit nach **Victoria** *(S. 45)*, das mit seinem hervorragenden Provinzmuseum und der hübschen Altstadt einen Tag Aufenthalt verdient.

Auf der Weiterfahrt am Trans-Canada Highway liegt gleich am Stadtrand der **Goldstream Park,** wo im Spätherbst die Lachse zu ihren Laichgründen schwimmen und dann im seichten Wasser sterben – ein beeindruckendes Naturschauspiel. Etwa einen Tag Fahrt – vorüber an Badestränden und Ferienorten wie **Chemainus**, berühmt für seine 30 großen Fassadenmalereien internationaler Künstler – ist es zur Westküste von Vancouver Island: zum **Pacific Rim National Park** *(S. 42)*. Der Fischerort **Tofino** ist der beste Standort für einen Pausentag zu Wanderungen am Strand und vielleicht einer Bootstour oder Kayakfahrt.

Zurück an der Ostküste, folgt die Route dann über **Campbell River** *(S. 39)* dem Highway 19 in den Norden von Vancouver Island. Nicht verpassen: eine Tour zur Walbeobachtung ab **Telegraph Cove** *(S. 44)* und einen Abstecher nach **Alert Bay** *(S. 44)*, wo eine schöne Sammlung von Totempfählen und indianischen Masken wartet.

Am nächsten Morgen: Einschiffung in **Port Hardy** *(S. 44)* zur Fahrt durch die **Inside Passage** *(S. 44)* – mit etwas Glück bei Sonnenschein. Normalerweise regnet es hier, denn die steilen Coast Mountains fangen die Pazifikwolken ein. Doch das hat auch seine Vorteile: In diesem Küstenstrich gedeiht ein einzigartiger Urwald aus turmhohen Douglasien und Sitkatannen. Oft können Sie von der Fähre aus Wale, Robben und Weißkopfseeadler beobachten.

Nach 15 Stunden ist **Prince Rupert** *(S. 62)* erreicht. Der Fährhafen am Nordende der Inside Passage liegt im Reich der Tsimshian-Indianer. Über-

AUSFLÜGE & TOUREN

all in der Stadt zeugen große Totempfähle von ihrer Schnitzkunst. Das North Pacific Historic Fishing Village *(Mai–Sept. tgl. 10–17, Juli/Aug. bis 19.30 | Eintritt 12 $)* im Vorort Port Edward stellt die lange Tradition der Fischerei in der Region dar.

orts rote, abgestorbene Nadelbäume von der rasenden Verbreitung des Borkenkäfers. Erst um die Holzfällerstadt Prince George *(S. 62)* tauchen aber größere Kahlschläge auf – hier wird wenigstens ein Teil des toten Holzes verwertet.

Die kleine Stadt Chemainus glänzt mit großen Wandgemälden, den berühmten „murals"

Die Weiterfahrt auf dem Yellowhead Highway *(S. 62)* führt am oft wolkenverhangenen Skeena River entlang nach Hazelton, einem wichtigen Siedlungszentrum der Tsimshian. Von hier können Sie sogar einen kurzen Abstecher nach Alaska einplanen: Auf dem Cassiar Highway ist es etwa ein halber Tag Fahrt bis Stewart *(S. 63)* direkt an der Grenze zum Nachbarland. Einsame Wälder und Seen, nur hin und wieder eine kleine Pionierfarm, ein kleiner Ort – die Fahrt auf dem Yellowhead Highway zieht sich. Am Wege zeugen vieler-

Auf dem Highway 16 können Sie von Prince George aus an die erste Route anschließen und in die Rockies weiterreisen. Zur Rückfahrt nach Süden nehmen Sie den Highway 97 durchs sonnige Ranchland der Cariboo Region *(S. 49)*. Unbedingt sehenswert ist die alte Goldgräberstadt Barkerville *(S. 50)*, heute komplett als Museum unter Denkmalschutz. In Cache Creek schließt die Fahrt dann an die oben beschriebene Route 1 an und führt auf dem Trans-Canada Highway nach Vancouver zurück.

EIN TAG IN VANCOUVER

Action pur und einmalige Erlebnisse.
Gehen Sie auf Tour mit unserem Szene-Scout

KITSCHY BREAKFAST

8:00

Aufwachen! *Sophie's Cosmic Cafe* ist die Topadresse für Eggs Benedict oder belgische Waffeln – super kitschig, super beliebt und sooo lecker! Zwischen allerlei buntem Krimskrams an den Wänden fühlt man sich sofort wohl. In den roten Retro-Booths Platz nehmen, zurücklehnen und den Tag langsam beginnen lassen. **WO?** *2095 W 4th Ave. | Tel. 604/732-68 10 | www.sophiescosmiccafe.com*

9:00

BELUGAS TREFFEN

Wer schon immer einmal einen Beluga-Wal aus nächster Nähe sehen wollte, ist hier richtig. Beim *Beluga Encounter* kommt man den Tieren ganz nah. In der Meeressäugetier-Küche wird ein frischer Fisch-Snack hergerichtet, den man später eigenhändig an die Tiere verfüttern darf. Dabei lernt man viel über die faszinierenden Beluga-Wale. **WO?** *Vancouver Aquarium | 845 Avison Way | Reservierung 24 Stunden vorher unter Tel. 604/659-35 52 | Preis 150 $ | www.vanaqua.org*

KULINARISCHE MARKTTOUR

10:30

Bei der *Taste and Market Tour* bummelt man mit einem Koch über den *Granville Island Public Market*. Dabei gibt's Tipps zu regionalen Produkten und der perfekten Zubereitung von Fleisch, Früchten & Co. Hunger bekommen? Dann wartet jetzt ein Drei-Gänge-Menü – zubereitet von den Schülern und Köchen des Instituts. **WO?** *Pacific Institute of Culinary Arts | Di–Fr | 1505 West 2nd Ave. | Anmeldung unter Tel. 604/734-44 88 | Preis 79 $ | www.picachef.com*

14:00

SHOPPING MIT DEM PROFI

Auf der Suche nach den besten Souvenirs, dem lässigsten Shirt oder einem umwerfenden Abendoutfit? Dank individueller Einkaufstour kein Problem! Ein echter Shoppingprofi führt durchs In-Viertel Yaletown und zeigt die tollsten Teile – Geheimtipps inklusive. **WO?** *628 W 12 Ave | Ste 105 | Anmeldung unter Tel. 604/739-40 48 | Preis 39 $/2 Std. | www.shopabout.ca*

24 h

POLE-DANCE FITNESS

17:00

Jetzt geht es rund! Beim Tanz an der Stange, dem Trendsport schlechthin, kommt das Blut in Wallung. Keine Sorge, der Trainer zeigt die besten Tricks. Also, Schwung holen, Beine um die Stange wickeln und kunstvoll abwärts drehen. Fun garantiert! **WO?** *Tantra Fitness, 105-1715 Cook St. | Tel. 604/738-76 53 | Preis 65 $/Privatstunde | www.vancouverpoledancer.com*

18:30

WIE EIN VOGEL

Einsteigen bitte! Ein Sightseeing-Flug mit dem Wasserflugzeug steht auf dem Programm. Beim Start spritzt es rundherum, dann steigt man langsam höher und höher. Das Panorama aus der Vogelperspektive ist grandios. Der Hafen, die Stadt und die umliegenden Berge sind winzig klein und wunderschön! Ein echtes Erlebnis! **WO?** *Harbour Air | 1075 W Waterfront Rd. | Tel. 604/274-12 77 | Preis 99 $/20 Min. | www.harbour-air.com*

DELICIOUS DEUCE

19:30

Hunger? Im modernen *Deuce* werden ästhetische Kreationen aufgetischt: Die geschmorten Rinderrippchen mit Cabernet-Sirup an Süßkartoffel-Gaufrettes sind ein Geschmackserlebnis der Extraklasse. Unbedingt Platz fürs Dessert lassen: Das Chocolate Peanut Butter Sandwich mit Karamellsauce ist himmlisch! **WO?** *1617 Lonsdale Ave. | Tel. 604/988-81 80 | www.deucerestaurant.ca*

23:00

LOUNGEN IM LUXUS-INTERIEUR

It's Partytime! Also ab ins *Crush,* eine schicke Champagnerlounge und der Hangout für Vancouvers Trendsetter. Weltklasse DJs sorgen für heiße Vibes von Funk & Soul bis Jazz, die riesige Champagnerauswahl für den Glamourfaktor. **WO?** *1180 Granville St. | Tel. 604/684-03 55 | www.crushlounge.ca*

> REITEN, WANDERN, KANUFAHREN

Die zerklüftete Pazifikküste und die zackigen Gipfel der Rockies bieten Traumkulissen für jede Sportart in der Natur

> Seit den Pionierzeiten sind die Kanadier mit dem Outdoorleben vertraut. Also wundert es nicht, dass auch heute jeder Sport an der frischen Luft mit Begeisterung betrieben wird. Ganz besonders an der Westküste, wo Rauchen verpönt und Fitness die neue Religion ist.

Den Besuchern wird das Sporttreiben leicht gemacht: Jedes größere Hotel und Resort bietet ein Fitnesscenter, oft auch einen hauseigenen Golfplatz und jede Menge Infos über andere Sportarten. Zahlreiche *rental shops* vermieten Kanus, Bikes und anderes Sportgerät. Tipps und Landkarten erhalten Sie dazu. Ausritte, Schlauchbootfahrten und andere Tagestouren sind meist noch kurzfristig vor Ort zu buchen. Mehrtägige Touren reservieren Sie besser vorab.

ANGELN

Vor allem die Pazifiklachse sind für Angler der große Traum. Der Spaß

Bild: Heliskiing in British Columbia

SPORT & AKTIVITÄTEN

ist allerding nicht ganz billig: ab 500 $ für zwei Tage bis zu 5000 $ für eine Woche in einem exklusiven *fishing resort.* Hobbyangler dürfen mit Lizenz *(20–100 $ je nach Gültigkeitsdauer),* erhältlich in Sportgeschäften und Lodges, überall in den Seen fischen.

NAMUR LAKE LODGE

Einsame Fly-in-Lodge in Nordalberta mit rustikalen Hütten. Es warten riesige Hechte und Seeforellen. *Fort McMurray | Tel. 780/791-92 99 | www.namurlakelodge.com*

OAK BAY MARINE GROUP

Der Traum der Lachsangler: In den acht Schiffen und Angellodges dieser Resortgruppe auf Vancouver Island und den Queen Charlotte Islands wird er wahr. *Tel. 800/663-70 90 | 1327 Beach Dr. | Victoria | Tel. 800/ 663-70 90 | www.obmg.com*

BIKING

Fahrräder für Tagestouren können Sie vor allem in den Orten des Südens mieten *(etwa 20–35 $ pro Tag, 70–150 $ pro Woche)*. Für längere Radtouren eignen sich die Gulf Islands vor Vancouver, das Okanagan Valley mit herrlichen Bike-Trails, etwa auf der alten Bahntrasse im Kettle Valley, und die Rockies – hier allerdings ist Kondition nötig. Für Mountainbikefans gibt es sogar ein alljährliches *Trans-Rockies Bike Race (www.transrockies.com)*.

THE SKI STOP

Im Sommer Bikevermietung sowie ein- und mehrtägige Touren im Banff National Park und auf dem Icefields Parkway. *203A Bear St. | Banff | Tel. 403/760-16 50 | www.theskistop.com*

WHISTLER MOUNTAIN BIKE PARK

Die ultimative Spielwiese für Mountainbiker: Sommerlifte und 1200 m Höhenunterschied; Mitte Juli *Bike Festival. Whistler | Tel. 866/218-96 90 | www.whistlerbike.com*

GOLF

Golfen ist Volkssport in Kanada, und fast jeder noch so kleine Ort hat einen eigenen Golfplatz. Die Plätze sind meist öffentlich, und Besucher dürfen (auch ohne Platzreife) zu günstigen Greenfees (40–80 $) spielen. Am schönsten, aber auch teurer, sind die *courses* der Rockies, etwa die legendären Fairmont-Plätze in Banff oder Jasper und die Plätze in Invermere oder Kananaskis. Unter den Websites *www.albertagolf.org, www.golftherockies.net* und *www.bcga.org* erhalten Sie detaillierte Infos.

KANU-, KAJAK & SCHLAUCHBOOT

Das Kanu wurde in Kanada erfunden. Kanus (früher aus Birkenrinde, heute aus Aluminium) können Sie in vielen Lodges und bei entsprechenden Ausstattern mieten. Beliebt sind auch Seakajaktouren im Insellabyrinth vor der Westküste sowie Schlauchboottouren.

CLEARWATER LAKE TOURS

Kanuvermietung und Transport auf den großen, einsamen Seen im Wells Gray Provincial Park. *Clearwater | Tel. 250/674-21 21 | www.clearwaterlaketours.com*

ECOMARINE KAYAK CENTRE

Ein- und Zweisitzerkajaks für Ausflüge um Vancouver und für längere Trips. *1668 Duranleau St. | Vancouver | Tel. 604/689-75 75 | www.ecomarine.com*

TIMBERWOLF TOURS

Mehrtägige geführte Kanutouren in den Rockies und gute andere Aktivtouren. *Site 34 | 51404 RR264 | Spruce Grove | Alberta | Tel. 780/470-49 66 www.timberwolftours.com*

REITEN

Beim *trailriding* für ein oder zwei Stunden kann jeder mitmachen. Geritten wird auf breiten Sätteln, die Pferde sind lammfromm und gehen brav hintereinander. Solche Ausritte sind kurzfristig bei vielen Ranches zu buchen. Anders bei einem richtigen Ranchurlaub – hier reitet man oft den ganzen Tag mit den Cowboys. *Infos: www.bcguestranches.com und www.albertacountryvacation.com*

HOMEPLACE RANCH

Eine fast hundert Jahre alte Ranch im Vorland der Rockies. *Site 2 | RR 1 | Priddis | Tel. 403/931-32 45 | www. homeplaceranch.com*

Wegenetze bieten z.B. Banff, Yoho und Jasper National Parks. Außerhalb der Parks ist Wandern in Kanada oft schwierig – Wildnis heißt hier tatsächlich weglose Einsamkeit.

Allein mit den Weiten der Natur – Ausflug mit dem Seakajak bei Vancouver Island

TEN-EE-AH LODGE

Eine gepflegte, von Schweizern geführte Blockhüttenlodge mit Reitprogramm und anderen Aktivitäten in British Columbia. Auch Campingplatz. *Lac La Hache | Tel. 250/395-08 70 | www.ten-ee-ah.bc.ca*

WANDERN

Angelegte und beschilderte Trails gibt es meist nur in National- und Provinzparks. Die *wardens* im jeweiligen Visitior Centre geben vor Ort gerne Auskunft über die interessantesten und schönsten Pfade. Gute

WINTERSPORT

Der Pulverschnee der Rockies ist legendär. Skigebiete wie Banff, Lake Louise, Fernie oder Big White bieten gute Pisten. Das größte Gebiet ist Whistler an der Westküste. Gute Skifahrer können sich zudem in Zentral-British-Columbia den Traum vom Heliskiing erfüllen.

CANADIAN MOUNTAIN HOLIDAYS

Heliskiingtouren in den fast unerschlossenen Bergen am Westrand der Rockies. *Banff | Tel. 403/762-71 00 | www.canadianmountainholidays.com*

> WILDE TIERE UND CAMPINGSPASS

Bären und Adler beobachten, abends ein zünftiges Lagerfeuer – Ferien in Kanada sind für Kids der Hit

> Kanada ist auf Kinder vorbereitet wie kaum ein Reiseland in Europa. Die Kanadier selbst reisen – vor allem im Juli und August – viel mit ihren Sprösslingen. Im Lokal gibts Kinderteller und natürlich Kindersitze. Hotels bieten ohne Aufpreis separate Kinderbetten an, und zu vielen Motels gehört Pool und Planschbecken.

Alle Aktivitäten am Meer und an den Seen machen Spaß, Geisterstädte und Trapperforts wollen entdeckt werden, und manche Museen bieten eigene Abteilungen für Kinder an (meist auf Englisch). Sehr beliebt ist auch eine Reise per Wohnmobil. Das Campen mit Lagerfeuer, viel Bewegung und Tieren hautnah lassen die Ferien in Kanada garantiert zum Erfolg werden.

▪ VANCOUVER

GRANVILLE ISLAND
KIDS MARKET   [U B5–6]

Ein ganzes Lagerhaus voller Spielzeug, Plüschtiere, witziger Malstifte,

Bild: Radfahren in Vancouvers Stanley Park

MIT KINDERN REISEN

bunter Bonbons und anderer Verlockungen. Gleich gegenüber ist ein großes Modellbahnmuseum zu besichtigen. *Tgl. 10–18 Uhr | Granville Island | www.kidsmarket.ca*

SCIENCE WORLD [U E-F5]

Im „gläsernen Ball" der Expo '86 am False Creek ist heute ein Technikmuseum für Kinder im Schulalter untergebracht. Viele Experimente zum Selbermachen; dazu ein Kino mit rie-

siger Rundumleinwand. *Mo–Fr 10–17, Sa/So 10–18 Uhr | Eintritt 21 $, Kinder 16 $ | 1455 Quebec St.*

VANCOUVER FARMYARD & RAILWAY [U B1]

Schön für kleinere Kinder: Haustiere zum Streicheln und eine Miniaturdampfeisenbahn, die 15 Minuten durch den Park fährt. *Im Sommer tgl. 11–16 Uhr | Familien 2,75 $ je Person | Stanley Park*

VANCOUVER ISLAND [131 D5]

HORNE LAKE CAVES PROV. PARK [131 D5]
Im Schein von Grubenlampen klettert man in geheimnisvollen Höhlen herum. Zu entdecken gibt es Fossilien und Tropfsteine. Mit Führungen. *Reservierung: Tel. 250/248-78 29 | geführte Tour 17 $, Kinder 15 $ | ab 5 Jahren | www.hornelake.com | 25 km nordwestl. von Parksville*

MCLEAN MILL [131 D5]
Mit einem Dampfzug geht es tief in den Wald zu einem alten, mit Dampf betriebenen Sägewerk. Dort wird man eingewiesen wie ein neuer Arbeiter vor hundert Jahren. *Do–Mo 10 und 14 Uhr | Eintritt inkl. Zugfahrt 29 $, Kinder 9,75 $ | E&N Train Station | 3100 Kingsway | Port Alberni*

Ein kritischer Blick – und auf zum Powwow

MINIATURE WORLD [131 D6]
Ein Museum voller Puppenstuben und Miniaturszenen aus Märchen und Kinderbüchern im Empress Hotel. *Im Sommer tgl. 8.30–21, sonst 9–17 Uhr | Eintritt 12 $, Kinder 7 $ | 649 Humboldt St. | Victoria*

QUINSAM RIVER HATCHERY [131 D5]
In großen Becken werden 5 km nordwestlich von Campell River Millionen fingerlange Lachse gezüchtet. Nebenan im Bach schwimmen im Spätsommer und Herbst die Eltern. *Tgl. 8–16 Uhr | Eintritt frei | 4217 Argonaut Rd. | Tel. 250/287-95 64*

BRITISH COLUMBIA

KOOTENAY RIVER RUNNERS [132 C5]
Abenteuerliche Raftingtouren auf dem Kicking Horse und dem Kootenay River sowie Kanufahrten auf dem Columbia (gut mit Kindern ab 5 Jahren). Picknick ist dabei. *Ab 49 $, Kinder ab 35 $ | Hwy. 93 | Radium Hot Springs | Tel. 250/347-92 10 | www.raftingtherockies.com*

PENTICTON CHANNEL [131 F5]
Tubing heißt das nasse Vergnügen, den Kanal zwischen den beiden Seen in Penticton mit großen aufblasbaren Autoschläuchen hinab zu driften. *Coyote Cruises (Tel. 250/492-2115) vermietet für ca. 10 $ die Schläuche und organisiert den Rücktransport. Hwy. 97 am Nordende des Kanals*

ROCKY MOUNTAINS

LUXTON MUSEUM [132 C5]
Die nachgestellten indianischen Szenen sind auch für Keinere schön. Dazu werden fast täglich Kinderprogramme wie Federschmuckbasteln

MIT KINDERN REISEN

und Tipibau angeboten. *Im Sommer tgl. 11–18, sonst 13–17 Uhr | Eintritt 8 $, Kinder 2,50 $ | 1 Birch Ave. | Banff*

ALBERTA

ALBERTA BIRDS OF PREY CENTRE [133 D6]
Ein Sanatorium für Raubvögeln: verletzte Falken, Eulen und Adler werden hier gesund gepflegt. Alle 90 Minuten Flugvorführung. *Im Sommer tgl. 9.30–17 Uhr | Eintritt 8 $, Kinder 5 $ | Coaldale/Lethbridge*

CALGARY ZOO & PREHISTORIC PARK [133 D5]
Ein Zoo mit Sibirischen Tigern und typischen Tieren Kanadas. Der Clou aber ist ein „Jurassic Park" mit gut 20 lebensgroßen Dinos. *Tgl. 9–17 Uhr | Eintritt 18 $, Kinder 10 $ | 1300 Zoo Rd. NE | Calgary*

RAFTER SIX RANCH [132 C5]
Gut für einen ganzen Familienurlaub, aber auch nur für einen Tag: Ausritte auf Pferden und Ponys, Kutschfahrten und Raftingtouren in wunderschöner Umgebung. *Seebe | Tel. 403/673-36 22 | www.raftersix.com*

ROYAL TYRRELL MUSEUM OF PALEONTOLOGY [133 D4]
Einmal nach Dino-Fossilien graben, vielleicht sogar eine neue Art entdecken? Das Paläontologiemuseum bietet in verschiedenen Altersgruppen Programme an, einen ganzen Tag unter wissenschaftlicher Anleitung zu graben. Dazu spezielle Führungen für Kinder (auch Deutsch). *Eintritt 10 $, Kinder 6 $, Tagesprogramme ab 28 $ | Dinosaur Provincial Park | Drumheller | Tel. 403/823-77 07 | www.tyrrellmuseum.com*

TELUS WORLD OF SCIENCE [133 D3]
Für ältere Kinder: ein Wissenschaftsmuseum mit Kanadas größtem Planetarium, Lasershows und Imax-Kino. Eigene Computerabteilung. *Im Sommer tgl. 10–21 Uhr | inkl. Film 19,50 $, Kinder 14,50 $ | 112th Ave./142 St. | Edmonton*

Großer Kopf, scharfe Zähne: Albertosaurus im Royal Tyrrell Mueum of Paleontology

WEST EDMONTON MALL/ GALAXYLAND AMUSEMENT PARK [133 D3]
Der weltgrößte überdachte Vergnügungspark lockt mit Achterbahnen, Karussells und 3D-Kino. Ringsum zahlreiche weitere Attraktionen für Kinder: großes Wellenbad mit Rutschen, Eislaufbahn, Minigolf und Shows mit Seelöwen. *Im Sommer tgl. ab 10 Uhr | Tageskarte für Kinder 28 $, auch Einzelfahrten möglich | 87th Ave./170th St. | Edmonton*

> VON ANREISE BIS ZOLL

Urlaub von Anfang bis Ende: die wichtigsten Adressen und Informationen für Ihre Reise in den Westen Kanadas

◼ ANREISE ◼

Air Canada und Lufthansa bieten in Zusammenarbeit tägliche Nonstopflüge von Frankfurt nach Vancouver und Calgary an. Im Sommer verkehren darüber hinaus mehrere Chartergesellschaften, wie etwa Air Transat und Air Berlin (mit LTU und Condor) nach Calgary, Vancouver und Whitehorse. Sie können auch über den Osten des Landes einreisen. Allerdings sind Direktflüge (ca. 11 Std. Flugdauer) zu empfehlen, da sich einige Stunden Aufenthalt, die mit dem Umsteigen automatisch verbunden sind, bei der langen Reisezeit und dem Zeitunterschied von neun Stunden doch bemerkbar machen können.

> WAS KOSTET WIE VIEL?

> KAFFEE	1,50–2 EURO	für eine Tasse Kaffee
> BIER	3–4 EURO	für ein Glas im Saloon
> LACHS	12–20 EURO	für ein Lachsgericht mit Beilagen
> HAMBURGER	3–6 EURO	für Burger & Pommes
> BENZIN	0,65–0,75 EURO	für 1 l bleifrei Normalbenzin
> KANU	11–18 EURO	für 1 Stunde Miete

Zur Hauptreisezeit im Juli und August sind die Flugzeuge häufig ausgebucht. Daher sollten Sie die Transatlantikstrecke möglichst frühzeitig – also mehrere Monate vorab – reservieren (dies gilt übrigens auch für Wohnmobile und die Fähre der Inside Passage entlang der West Coast).

Die großen Mietwagenfirmen Hertz, Avis, Alamo und National sind an allen Flughäfen vertreten. Bei einer Wohnmobilreise empfiehlt es sich, die erste Nacht im Hotel in der Stadt zu verbringen. Dort werden Sie am nächsten Morgen vom Vermieter abgeholt – fit und ausgeschlafen für die erste Fahrt mit dem vielleicht ungewohnten Gefährt.

◼ AUSKUNFT ◼

Die Versandstelle des Kanadischen Fremdenverkehrsamtes verschickt Broschüren, eine Liste aller Kanada-Reiseveranstalter und auf gezielte Anfrage hin auch Informationsmaterial zu einzelnen Provinzen. *Canadian Tourism Commission | Postfach 20 02 47 | 63469 Maintal | Tel. 01805/52 62 32, aus Österreich 0049/6181/451 78 | Fax 06181/ 49 75 58 | www.canada.travel*

◼ AUTOFAHREN ◼

Der nationale Führerschein ist für Reisen bis zu drei Monaten ausreichend (Yukon Territory: 1 Monat). In allen Provinzen besteht Anschnallpflicht. Die Höchstgeschwindigkeit beträgt auf Fernstraßen 80 oder 100 km/h, in Ortschaften 50 km/h, auf Autobahnen 110 km/h.

Besonderheiten bei den Verkehrsregeln: An Ampeln darf man auch bei Rot nach rechts abbiegen, auf mehrspurigen Straßen ist Rechtsüberholen erlaubt, Schulbusse mit eingeschalteter Warnblinkanlage dürfen auf keinen Fall passiert werden – auch nicht aus der Gegenrichtung. Im Yukon Territory muss laut Gesetz auch tagsüber mit Licht gefahren werden.

Der kanadische Automobilclub *CAA* hilft auch den Mitgliedern ausländischer Clubs bei Schwierigkeiten weiter (Mitgliedsausweis!).

GELD & KREDITKARTEN

Landeswährung ist der kanadische Dollar (= 100 Cents). Es gibt Banknoten zu 5, 10, 20, 50 und 100 Dollar sowie Münzen zu 1 Cent *(penny)*, 5 Cent *(nickel)*, 10 Cent *(dime)*, 25 Cent *(quarter)*, 1 und 2 Dollar.

Die Banken sind meist Mo–Fr 10–15 Uhr geöffnet. Sie wechseln keine ausländischen Währungen. Nur an den Flughäfen und in größeren Hotels kann man (zu schlechtem Kurs) europäische Währungen in Dollar tauschen. Travellerschecks werden akzeptiert.

Die Reisekasse sollten Sie auf mehrere Zahlungsmittel verteilen: ca. 100 $ Bargeld für die Ankunft, eine Kreditkarte für die meisten der täglichen Ausgaben (Visa oder Master-card werden überall an Tankstellen, Restaurants etc. akzeptiert) sowie eine EC-Karte, mit der Sie an den meisten Geldautomaten zu günstigem Wechselkurs Bargeld ziehen können. Zur Sicherheit können Sie noch einige Hundert Dollar in Reiseschecks mitnehmen (sie werden

WÄHRUNGSRECHNER

€	Kan$	Kan$	€
1	1,55	1	0,65
2	3,10	2	1,30
3	4,65	3	1,95
4	6,20	5	3,25
5	7,75	7	5,00
7	10,90	10	6,50
10	15,50	25	16,00
25	39,00	75	48,50
75	115,00	150	97,50

überall in Läden und Restaurants angenommen, man bekommt als Wechselgeld Bares zurück).

CAMPING/HOSTELS

Die öffentlichen Campingplätze sind die schönsten. Naturnah, an Seen und in National Parks gelegen und mit Feuerstelle, Holzbänken und Wasserpumpe einfach ausgestattet, kostet die Nacht dort 10–25 $. Private, oft recht luxuriös ausgerüstete Plätze findet man am Rand der Städte und außerhalb der Parks (zu ca. 15–40 $). Wildes Campen ist – außer in den Parks – nicht verboten, wird aber in besiedelten Gebieten nicht gern gesehen. Campingplätze in National-parks können vorab reserviert wer-den unter *www.pccamping.ca*, andere Parks in B.C. unter *www.disco vercamping.ca*. Die Webseite *www. hihostels.ca* gibt Auskunft über Ju-gendherbergen, die allerdings in Ka-nada nicht sehr dicht gesät sind. Mehrere schön gelegene *Hostels* ste-hen aber in den Parks der Rockies.

DIPLOMATISCHE VERTRETUNGEN

DEUTSCHES GENERALKONSULAT

Suite 704 | World Trade Centre | 999 Canada Place | Vancouver | Tel. 604/ 684-83 77 | Fax 684-83 34 | www. vancouver.diplo.de

ÖSTERREICHISCHES HONORARGENERALKONSULAT

600 890 W Pender St. | Vancouver | Tel. 778/327-58 19 | Fax 604/687-13 27 | vancouver@austriantrade.org

SCHWEIZER GENERALKONSULAT

Suite 790 | World Trade Center | 999 Canada Place | Vancouver | Tel. 604/ 684-22 31 | Fax 684-28 06 | www. eda.admin.ch/canada

EINREISE

Für Deutsche, Österreicher und Schweizer genügt ein gültiger Reise-pass zur Einreise. Auch Abstecher in die USA, etwa nach Seattle oder Alaska, sind ohne US-Visum mög-lich. Vorgeschrieben ist dafür aller-dings ein maschinenlesbarer roter Pass; seit Oktober 2006 ausgestellte Pässe müssen einen Datenchip ent-halten. Kinder dürfen nicht im Pass der Eltern eingetragen sein, sondern brauchen einen eigenen Reisepass.

FÄHREN

Die zumeist im Stundentakt verkeh-renden Fähren zwischen Vancouver Island und dem Festland können,

PRAKTISCHE HINWEISE

aber müssen Sie nicht vorab buchen. Eine frühzeitige Reservierung ist jedoch für die 15-stündige Fahrt zwischen Port Hardy und Prince Rupert durch die Inside Passage und für die ebenso eindrucksvolle Discovery Coast Passage nach Bella Coola angeraten (im Reisebüro und bei allen Kanada-Veranstaltern möglich). *Info in Kanada: Tel. 250/386-34 31 oder 1-888-223-37 79 | www.bcferries.com*

GESUNDHEIT

Die ärztliche Versorgung ist in Kanada sehr gut, aber teuer. Daher sollten Sie für die Reise unbedingt eine Auslandskrankenversicherung abschließen. Medikamente erhalten Sie in der *pharmacy* und im *drugstore*.

INLANDSFLÜGE

Air Canada und manche Regionalfluglinien bieten bis zu 40 Prozent verbilligte Tarife für innerkanadische Strecken an. Diese Tickets müssen bereits vor der Reise mit dem Transatlantik-Ticket gebucht werden.

INTERNET & WLAN

Kanada ist exzellent vernetzt. In Hotels kostet der Highspeed-Internetzugang meist 10–15 $ pro Tag; manchmal gibt es einen kostenlos zu nutzenden Computer in der Lobby. In allen öffentlichen Bibliotheken Kanadas und oft auch in den Visitor Centres können Sie kostenlos oder für geringe Gebühr im Web surfen und Ihre Mails abrufen. Für den eigenen Laptop finden Sie in vielen Hotels und Internetcafés WLAN teils kostenlos, teils erhält man gegen Gebühr das Passwort beim Personal.

WEBSITES ZU KANADA

www.canada.travel
www.kanada-info.de
www.hellobc.com
www.tavelalberta.com
www.parkscanada.ca
www.weatheroffice.gc.ca
www.aboriginalbc.com

Die nächste Tankstelle ist oft weit entfernt

KLIMA & REISEZEIT

Abgesehen von den Küstenregionen British Columbias herrscht in Westkanada extremes Kontinentalklima, das kalte, schneesichere Winter und trockene, oft sehr heiße Sommer verspricht. Beste Reisezeit (und Hochsaison) ist von Mitte Juni bis Ende August. Doch der September ist oft genauso schön. Ab Ende des Monats färben sich im Indian Summer die Blätter der Birken und Pappeln. Zum Skifahren in den Rockies sind Februar und März am besten.

MIETWAGEN

Mindestmietalter ist 21, oft auch 25 Jahre. Der nationale Führerschein genügt. Auto oder Camper sollten Sie schon einige Monate vorab im Reisebüro buchen. Dies ist meist billiger und sicherer als die Suche vor Ort, da dann Steuern und Versicherungen im Preis inklusive sind. Auch sind Wohnmobile zur Hochsaison häufig ausgebucht. Es ist ratsam, das Fahrzeug wieder am Ausgangspunkt zurückzugeben, da die Rückführgebühren oft extrem hoch ausfallen.

◼ NOTRUF

911 oder *operator:* 0

◼ ÖFFENTLICHE VERKEHRSMITTEL

Greyhound und mehrere regionale Buslinien (etwa Brewster, Red Arrow Express) verbinden alle größeren Orte miteinander. Auskünfte (auch über die Netzkarte *Discovery Pass*) bei den Reisebüros und unter www.greyhound.ca.

Per Zug ist Kanada besonders schön auf der legendären Trans-Kanada-Route von Montréal nach Vancouver sowie mit dem Ausflugszug *Rocky Mountaineer* von Calgary nach Vancouver zu erleben (mehrere Monate vorab reservieren, www.rockymountaineer.com). Die Bahngesellschaft VIA-Rail bietet einen *Canrailpass* für ihr gesamtes Netz.

Buchung aller Bahnfahrten bei den Vertretungen von VIA-Rail. Für Deutschland und Schweiz: *CRD International | Stadthausbrücke 1–3 | 20355 Hamburg | Tel. 040/ 30 06 16 70 | Fax 30 06 16 55 | www.viarail.ca; www.crd.de/viarail*

Für Österreich: *Canadareisen.at | Buchberggasse 34 | 3400 Klosterneuburg | Tel. 02243/259 94 | Fax 254 72 | www.canadareisen.at*

◼ ÖFFNUNGSZEITEN

Läden sind überwiegend Mo–Sa 9.30–18 Uhr geöffnet, die großen Shoppingmalls der Städte 10–21 Uhr

WETTER IN VANCOUVER

	Jan.	Feb.	März	April	Mai	Juni	Juli	Aug.	Sept.	Okt.	Nov.	Dez.
	6	8	11	14	18	21	23	23	19	14	9	7
Tagestemperaturen in °C												
	1	1	3	5	8	11	13	12	10	7	4	2
Nachttemperaturen in °C												
	2	3	4	6	7	7	9	8	6	4	2	1
Sonnenschein Std./Tag												
	17	13	14	11	7	5	4	7	7	15	16	18
Niederschlag Tage/Monat												
	8	7	8	9	11	13	14	14	13	12	11	10
Wassertemperaturen in °C												

und So 12–17 Uhr. Lebensmittelsupermärkte sind meist auch abends und an den Wochenenden geöffnet, in Großstädten sogar rund um die Uhr. Viele Museen bleiben montags geschlossen.

POST

Postämter haben Mo–Fr 9–18 und Sa 8–12 Uhr geöffnet. Porto für Luftpostbriefe oder Postkarten nach Europa: 1,55 $. Aus den Großstädten ist eine Karte etwa fünf Tage unterwegs, aus dem Hinterland neun Tage.

STEUERN

Eine Mehrwertsteuer *(GST)* von 5 Prozent gilt in ganz Kanada. Hinzu kommen Hotelsteuern sowie in der Provinz British Columbia eine regionale Verkaufssteuer von 7 Prozent. Alle Steuern werden erst beim Kauf hinzugerechnet.

STROM

110 Volt, 60 Hertz. Steckdosenadapter für den (umschaltbaren!) Föhn oder Rasierapparat am besten vorab zu Hause besorgen.

TELEFON & HANDY

Alle Telefonnummern in Kanada sind 7-stellig, dazu kommt für Ferngespräche und innerhalb einiger Großstädte eine 3-stellige Vorwahl *(area code)*. Ortsgespräche aus der Telefonzelle kosten 0,25–0,35 $, bei Ferngesprächen wird nach dem Wählen die Gebühr angesagt. Bei allen Telefonproblemen hilft der *operator* („0" wählen) weiter. Gebührenfreie Nummern (z.B. zur Reservierung von Hotels oder Touren) beginnen mit der Vorwahl 800, 866, 877 oder 888.

Vorwahl nach Deutschland: 01149. Nach Österreich: 01143. In die Schweiz: 01141. Danach die Ortsvorwahl ohne die erste Null und anschließend die Nummer wählen. Vorwahl nach Kanada: 001.

Tri- oder Quad-Band-Handys aus Europa funktionieren meist nur in den Städten und im Süden der Provinzen (Roaming-Aufpreis bis 2 Euro). Günstiger ist für Anrufe von der Zelle und aus dem Hotel der Kauf einer *prepaid phone card,* vor Ort erhältlich an Tankstellen und Grocery-Märkten.

TRINKGELD

Im Restaurant ist das Bedienungsgeld nicht inklusive. Man gibt daher 15–20 Prozent des Rechnungsbetrags als *tip.* Der Kofferträger im Hotel bekommt 1–2 $ pro Gepäckstück.

ZEIT

Zeitunterschied zu Mitteleuropa in British Columbia und im Yukon Territory –9, in Alberta –8 Stunden. Zeitzonengrenze ist weitgehend der Grat der Rocky Mountains.

ZOLL

Pflanzen und frische Lebensmittel dürfen nicht eingeführt werden. Erlaubt sind pro Person 200 Zigaretten oder 50 Zigarren oder 400 g Tabak sowie 1,1 l Spirituosen. Dazu Geschenke bis zu einem Wert von 60 $ pro Empfänger. In die EU zollfrei eingeführt werden dürfen: 1 l Alkohol über 22 Prozent, 200 Zigaretten oder 50 Zigarren oder 250 g Tabak, 50 g Parfüm oder 250 g Eau de Toilette und andere Artikel im Gesamtwert von 175 Euro.

„Sprichst du Englisch?" Dieser Sprachführer hilft Ihnen, die wichtigsten Wörter und Sätze auf Englisch zu sagen

Aussprache

Zur Erleichterung der Aussprache sind alle englischen Begriffe und Wendungen mit einer einfachen Aussprache (in eckigen Klammern) versehen. Folgende Zeichen sind Sonderzeichen:

ə	nur angedeutetes „e" wie in bitte
θ	[s] gesprochen mit der Zungenspitze zwischen den Zähnen
'	die nachfolgende Silbe wird betont

■ AUF EINEN BLICK ■

Ja./Nein.	Yes. [jäs]/Yeah. [jie]/No. [no]
Vielleicht.	Perhaps. [pö'häps]/Maybe. ['mäibih]
Bitte.	Please. [plihs]
Danke.	Thank you. ['θänkju]
Vielen Dank!	Thank you very much.
	['θänkju 'wäri 'matsch]
Gern geschehen.	You're welcome. [jər 'wälkəm]
Entschuldigung!	Excuse-me! [iks'kjuhs 'mih]
Wie bitte?	Pardon? ['paərdn]
Ich verstehe Sie/dich nicht.	I don't understand. [ai dont andö'ständ]
Ich spreche nur wenig …	I only speak a little … [ai 'onli spihk ə litl]
Können Sie mir bitte helfen?	Can you help me, please?
	['kən ju 'hälp mi plihs]
Ich möchte …	I'd like … [aid'laik]
Das gefällt mir (nicht).	I (don't) like this. [ai (dont) laik_θis]
Haben Sie …?	Do you have …? [du ju 'häw]
Wie viel kostet es?	How much is this? ['hau'matsch is θis]
Wie viel Uhr ist es?	What time is it? [wət 'taim is it]

■ KENNENLERNEN ■

Guten Morgen!	Good morning! [gud 'moərning]
Guten Tag!	Good afternoon! [gud äftö'nuhn]
Guten Abend!	Good evening! [gud 'ihwning]
Hallo! Grüß dich!	Hello! [hə'lo]/Hi! [hai]
Mein Name ist …	My name's … [mai näims …]
Wie ist Ihr/Dein Name?	What's your name? [wots joər 'näim]
Wie geht es Ihnen/dir?	How are you? [haur'ju]
Danke. Und Ihnen/dir?	Fine thanks. And you?
	['fain θänks, ənd 'ju]

SPRACHFÜHRER ENGLISCH

Auf Wiedersehen! — Goodbye!/Bye-bye! [gud'bai/bai'bai]
Tschüss! — See you!/Bye! [sih ju/bai]
Bis bald! — See you later! [sih ju 'lätər]
Bis morgen! — See you tomorrow! [sih ju tə'məro]

UNTERWEGS

AUSKUNFT

links/rechts — left [läft]/right [rait]
geradeaus — straight ahead [sträit 'əhäd]
nah/weit — near [niər]/far [faər]
Bitte, wo ist … — Excuse me, where's …, please?
[iks'kjuhs 'mih 'weərs … plihs]

… der (Bus-) Bahnhof? — … the train/bus station …
[θə'träən/bass 'stäischn]

… die U-Bahn? — … the subway … [θə 'sabwä]
… der Flughafen? — … the airport … [θə 'erpoht]
Wie weit ist das? — How far is it? ['hau 'far_is_it]
Ich möchte ein Auto mieten. — I'd like to rent a car.
[aid'laik tə 'ränt ə 'kaər]

AUTO

Ich habe eine Panne. — My car's broken down.
[mai 'kaərs 'brokn 'daun]

Gibt es hier in der Nähe eine Werkstatt? — Is there a service station nearby?
['is θeə_ə 'söəwis stäischn 'nirbai]
Wo ist die nächste Tankstelle? — Where's the nearest gas station?
['weəs θə 'niərist 'gäs stäischn]

Ich möchte … Liter/Gallonen [3,7 l] … — … liters/gallons of …
['lihtərs/gäləns əw]
… Normalbenzin. — … regular, [regjulər]
… Super. — … premium, [primium]
… Diesel. — … diesel, ['dihsl]
… bleifrei/verbleit. — … unleaded/leaded, please.
[an'lädid/'lädid plihs]
Voll tanken, bitte. — Full, please. ['full plihs]

UNFALL

Hilfe! — Help! [hälp]
Achtung! — Attention! [ə 'tänschn]
Vorsicht! — Look out! ['luk 'aut]

Rufen Sie bitte …
Please call … ['plihs 'kahll]

… einen Krankenwagen.
… an ambulance. [ən 'ämbjuləns]

… die Polizei.
… the police. [θə pə'lihs]

Es war meine Schuld.
It was my fault. [it wəs 'mai 'fahllt]

Es war Ihre Schuld.
It was your fault. [it wəs 'johər 'fahllt]

Geben Sie mir bitte Ihren
Namen und Ihre Anschrift.
Please give me your name
and address. [plihs giw mi joər 'näim
ənd ə'dräs]

ESSEN/UNTERHALTUNG

Wo gibt es hier
ein gutes Restaurant?
Is there a good restaurant here?
['is θeər ə 'gud 'rästərahnt 'hiər]

Reservieren Sie uns bitte
für heute Abend einen
Tisch für vier Personen.
Would you reserve us a table for four
for this evening, please?
['wud ju ri'söhw əs ə 'täibl fə 'fohr
fə θis 'ihwning plihs]

Auf Ihr Wohl!
Cheers! [tschiərs]

Bezahlen, bitte.
Could I have the check, please?
['kud ai häw θə tschek plihs]

Wo sind bitte die Toiletten?
Where are the restrooms, please?
['weərə θə 'restruhms plihs]

EINKAUFEN

Wo finde ich …
Where can I find …
['weər 'kən_ai 'faind]

… eine Apotheke?
… a pharmacy? [ə farməssi]

… eine Bäckerei?
… a bakery? [ə bəikəri]

… ein Kaufhaus?
… a department store?
[ə di'partmənt stoər]

… ein Lebensmittelgeschäft?
… a supermarket/grocery store?
[ə 'supər 'mahrkət/grosri stoər]

Nehmen Sie Kreditkarten?
Do you take credit cards?
['du_ju täik 'kräditkahds]

ÜBERNACHTUNG

Können Sie mir bitte …
empfehlen?
Could you recommend …, please?
[kud ju ‚räkə'mänd … plihs]

… ein Hotel/Motel …
… a hotel/motel …[ə ho'täl/mou'təl]

… eine Pension …
… a B&B (bed & breakfast) …
[ə bin bi (bed_n 'bräkfəst)]

Ich habe bei Ihnen ein
Zimmer reserviert.
I've reserved a room.
[aiw ri'söhwd_ə 'ruhm]

Haben Sie noch …
Do you have … [du_ju häw]

… ein Einzelzimmer?
… a room for one? [ə ruhm fə wan]

… ein Doppelzimmer?
… mit Dusche/Bad?

Was kostet das Zimmer
mit Frühstück?

… a room for two? [ə ruhm fə tu]
… with a shower/bath?
[wiθ ə 'schauər/'bähθ]
How much is the room with
breakfast? ['hau 'matsch is θə ruhm
wiθ 'bräkfəst]

■ PRAKTISCHE INFORMATIONEN

Können Sie mir einen
guten Arzt empfehlen?
Ich brauche einen Zahnarzt.
Ich habe hier Schmerzen.

Ich habe Fieber.

Rezept
Spritze
Wo ist hier bitte eine Bank?

Bankautomat
Ich möchte … Euro
(Schweizer Franken) in
Dollar wechseln.

Was kostet …
… ein Brief …
… eine Postkarte …
… nach Europa?

Can you recommend a good doctor?
[kən ju räkə'mänd ə gud 'daktər]
I need a dentist. [ai nied ə 'dentist]
I feel some pain here.
[ai fihl səm päin 'hiər]
I've got a temperature.
[aiw got ə 'tämpritschə]
prescription [prə'skripschn]
injection/shot [in'dschekschn/schat]
Where's the nearest bank?
[weərs θə 'niərist bänk]
teller machine [telər maschin]
I'd like to change … Euro
(Swiss francs) into dollars.
[aid laik tə tschäinsch … juro ('swis
'fränks) 'intə 'dahllərs]
How much is … ['hau 'matsch is]
… a letter … [ə 'lädər]
… a postcard … [ə postkahrd]
… to Europe? [tə 'juroup]

■ ZAHLEN

0	zero [siəro]	14	fourteen ['foh'tihn]	80 eighty ['äiti]
1	one [wan]	15	fifteen ['fif'tihn]	90 ninety ['nainti]
2	two [tuh]	16	sixteen ['siks'tihn]	100 a (one) hundred
3	three [θrih]	17	seventeen ['säwn'tihn]	['ə (wan) 'handrəd]
4	four [fohr]	18	eighteen ['äi'tihn]	1000 a (one)
5	five [faiw]	19	nineteen ['nain'tihn]	thousand
6	six [siks]	20	twenty ['twänti]	['ə (wan)
7	seven ['säwn]	21	twenty-one	'θausənd]
8	eight [äit]		['twänti'wan]	10000 ten thousand
9	nine [nain]	30	thirty ['θöhti]	['tän 'θausənd]
10	ten [tän]	40	forty ['fohrti]	1/2 a half [ə 'hähf]
11	eleven [i'läwn]	50	fifty ['fifti]	1/4 a (one) quarter
12	twelve [twälw]	60	sixty ['siksti]	['ə (wan)
13	thirteen [θöh'tihn]	70	seventy ['säwnti]	'kwohrtər]

> Die Seiteneinteilung für den Reiseatlas finden Sie auf dem hinteren Umschlag dieses Reiseführers.

Mit freundlicher Unterstützung von

REISEATLAS
KANADA WEST

buchen sie gleich:

- → in ihrem reisebüro
- → unter www.holidayautos.de
- → telefonisch unter 0180 5 17 91 91
  (14 ct/min aus dem deutschen festnetz)

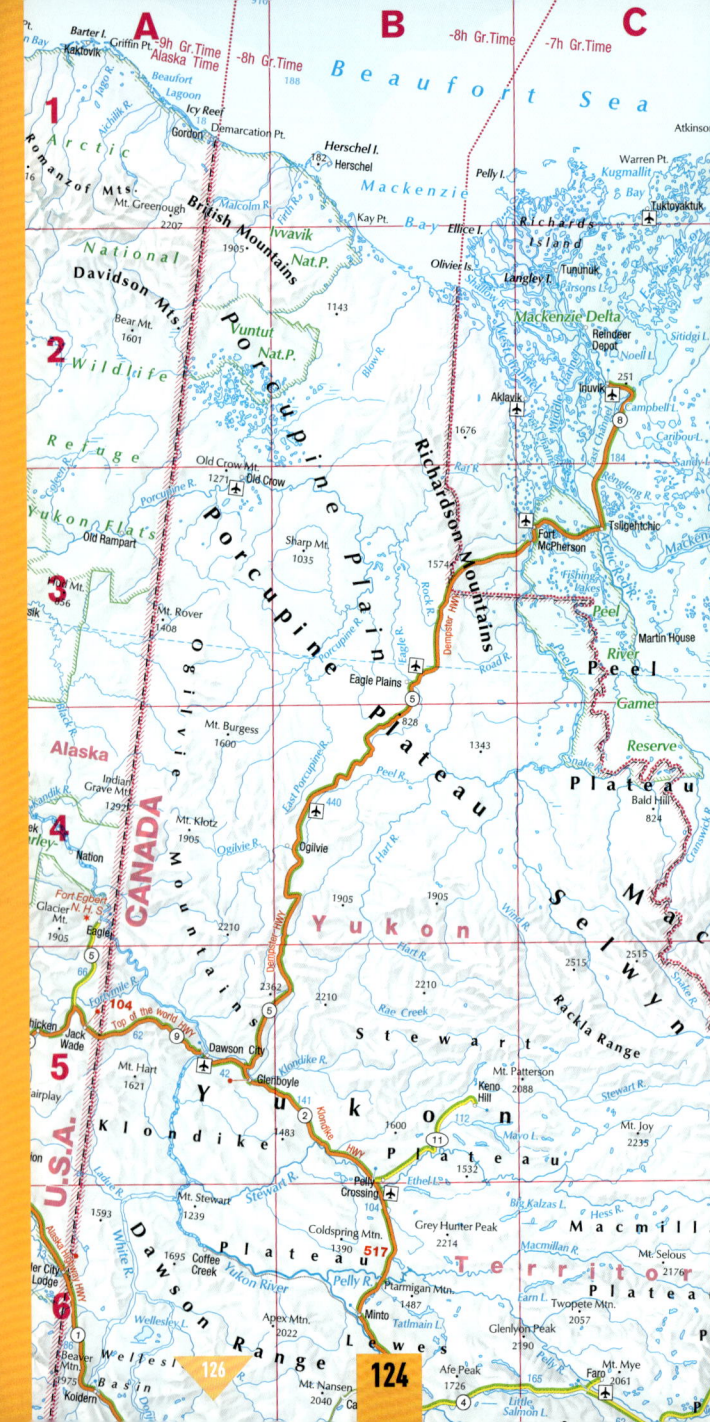

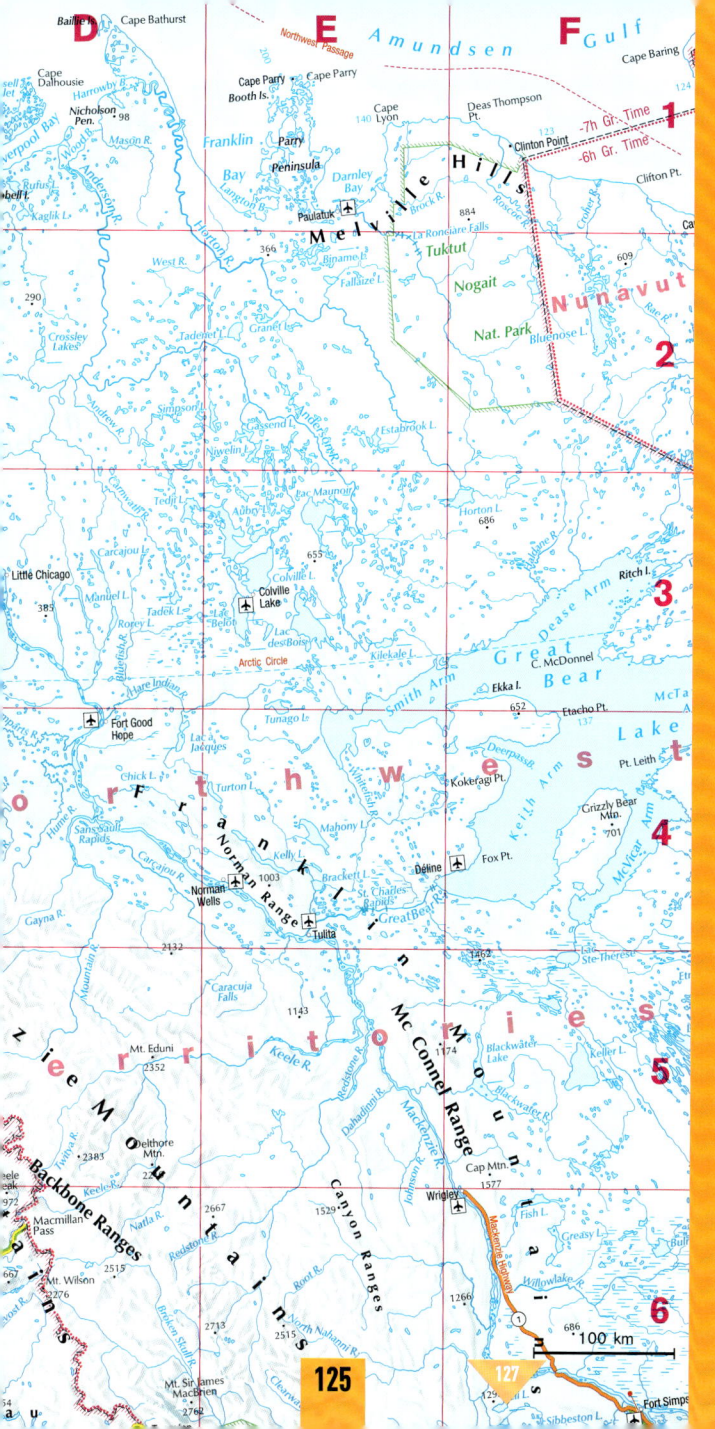

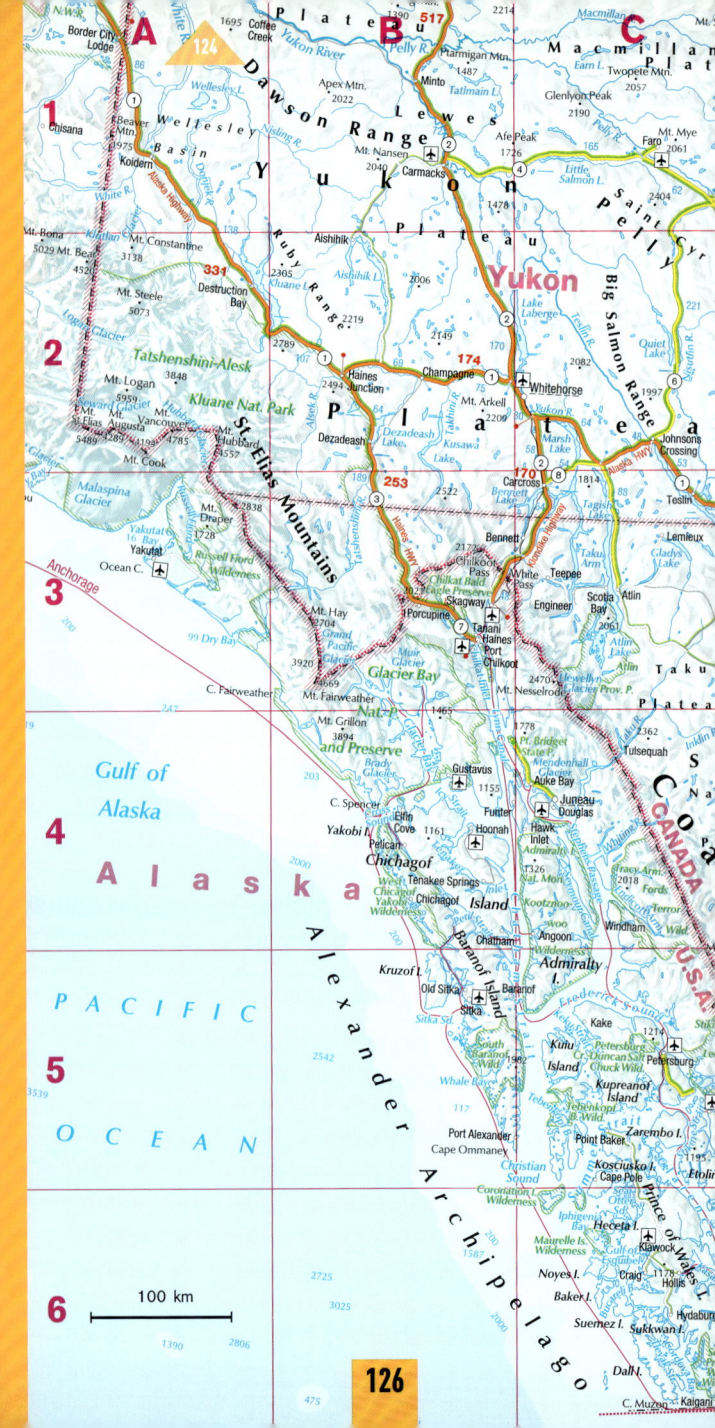

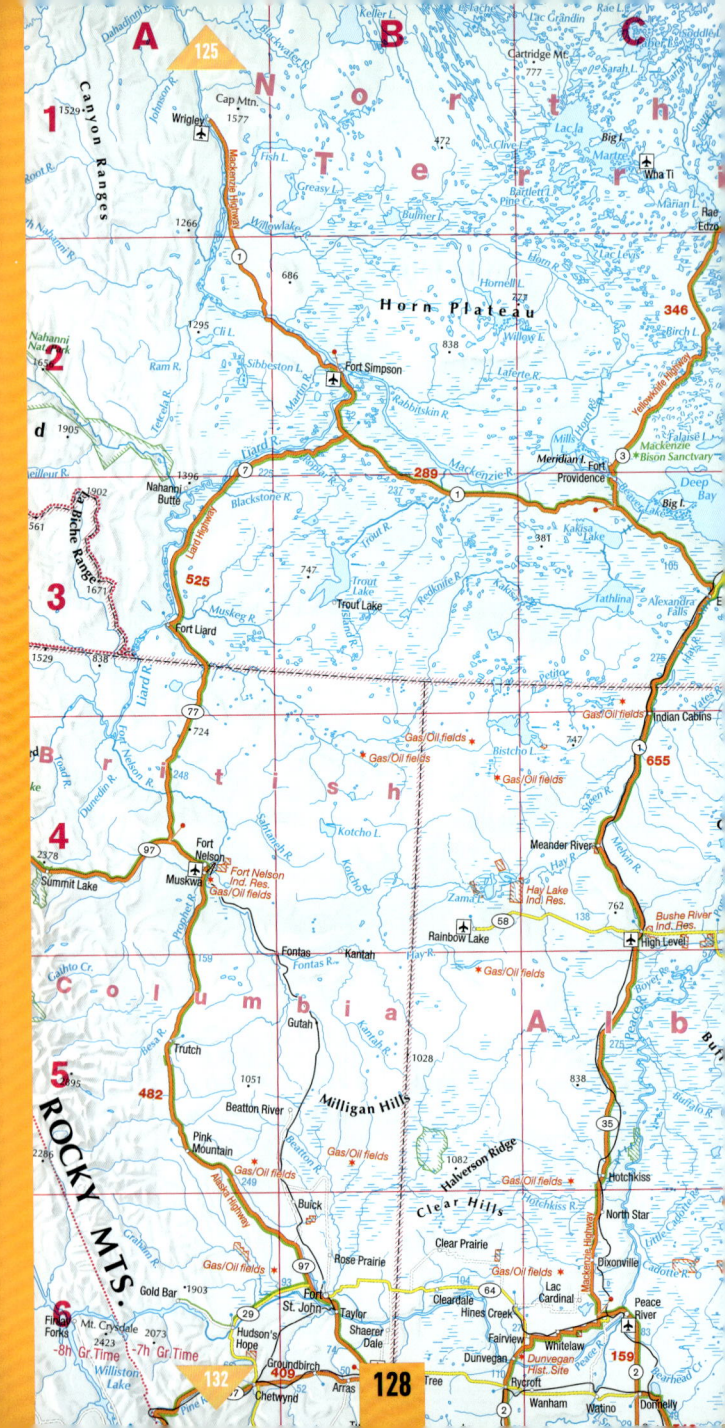

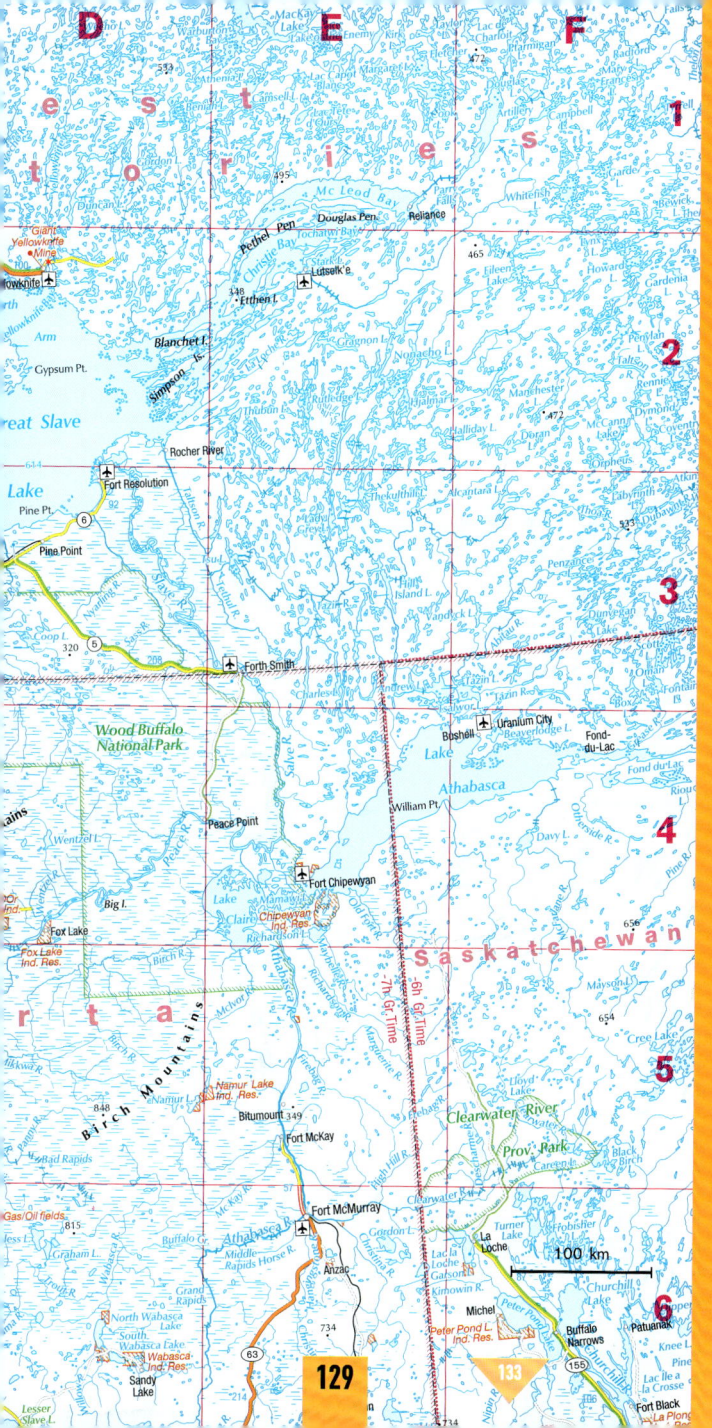

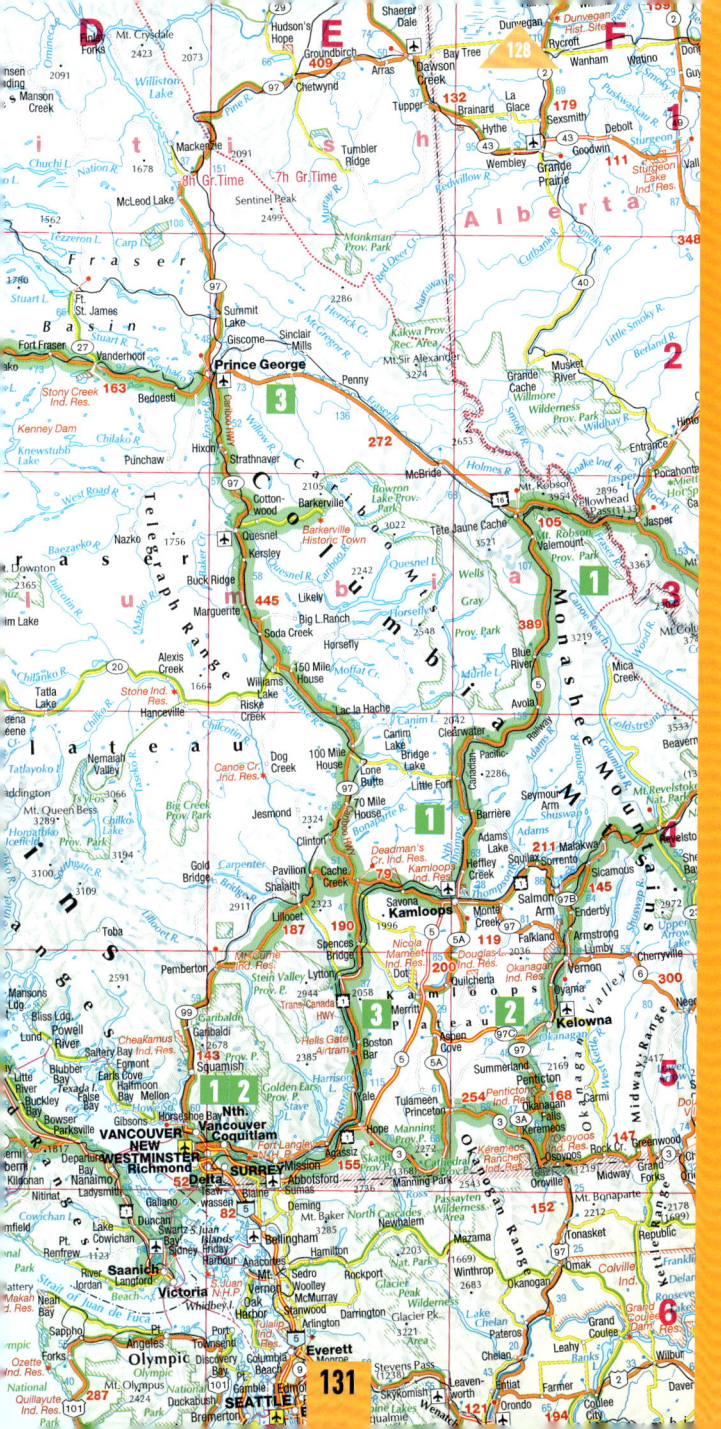

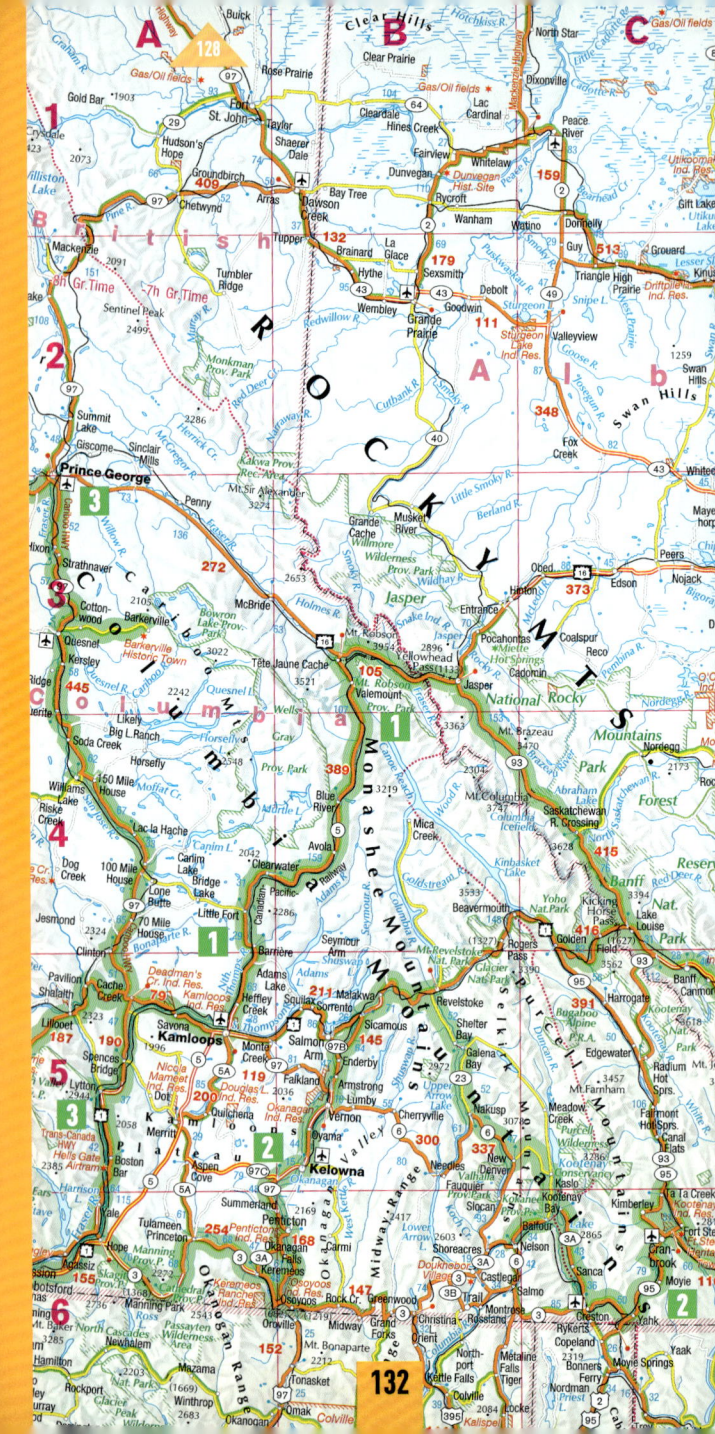

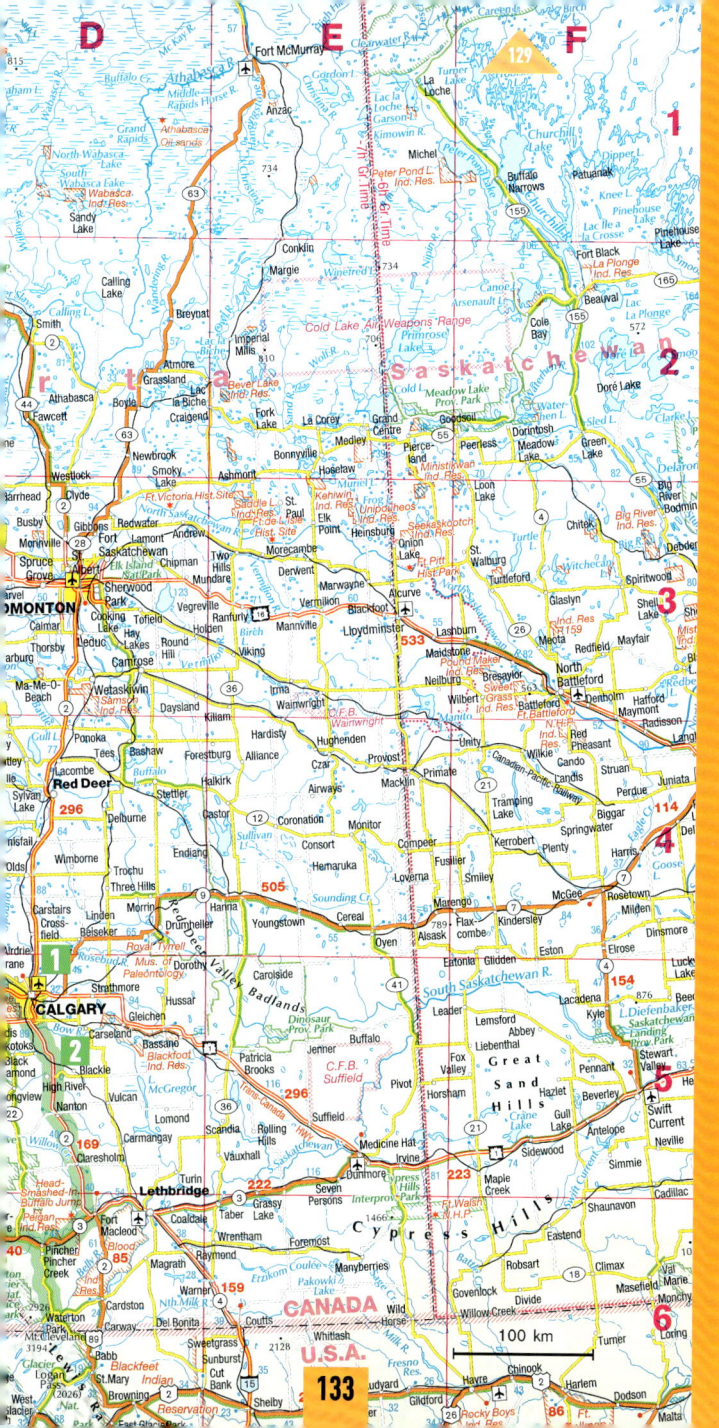

Autobahn, mehrspurige Straße - in Bau Highway, multilane divided road - under construction		Autoroute, route à plusieurs voies - en construction Autopista, carretera de más carriles - en construcción
Gebührenpflichtige Straße - in Bau Toll road - under construction		Route à péage - en construction Carretera de peaje - en construcción
Fernverkehrsstraße - in Bau Trunk road - under construction		Route à grande circulation - en construction Ruta de larga distancia - en construcción
Hauptstraße Principal highway		Route principale Carretera principal
Nebenstraße Secondary road		Route secondaire Carretera secundaria
Fahrweg, Piste Practicable road, track		Chemin carrossable, piste Camino vecinal, pista
Straßennummerierung Road numbering	① 48 ① 26 26	Numérotage des routes Numeración de carreteras
Entfernungen in mi. (USA), in km (CDN) Distances in mi. (USA), in km (CDN)	**259** 130 129	Distances en mi. (USA), en km (CDN) Distancias en mi. (USA), en km (CDN)
Höhe in Meter - Pass Height in meters - Pass	1365 •	Altitude en mètres - Col Altura en metros - Puerto de montaña
Eisenbahn - Eisenbahnfähre Railway - Railway ferry		Chemin-de-fer - Ferry-boat Ferrocarril - Línea marítima
Autofähre - Schifffahrtslinie Car ferry - Shipping route		Bac autos - Ligne maritime Transportador de automóviles - Ferrocarriles
Wichtiger internationaler Flughafen - Flughafen Major international airport - Airport	✈ ✈	Aéroport importante international - Aéroport Aeropuerto importante internacional - Aeropuerto
Internationale Grenze - Provinzgrenze International boundary - Province boundary		Frontièr nationale - Limite ou de província Frontera nacional - Frontera provincial
Unbestimmte Grenze Undefined boundary		Frontièr d'Etat non définie Frontera indeterminada
Zeitzonengrenze Time zone boundary	-4h Greenwich Time -3h Greenwich Time	Limite de fuseau horaire Limite del huso horario
Hauptstadt eines souveränen Staates National capital	**OTTAWA**	Capitale nationale Capital de un estado soberano
Hauptstadt eines Bundesstaates Federal capital	**BOSTON**	Capitale d'un état fédéral Capital de estado
Sperrgebiet Restricted area		Zone interdite Zona prohibida
Indianerreservat - Nationalpark Indian reservation - National park		Réserve d'indiens - Parc national Reserva de indios - Parque nacional
Antikes Baudenkmal Ancient monument	∴	Monuments antiques Yacimiento arqueológico
Sehenswertes Kulturdenkmal Interesting cultural monument	＊ *Fort Kent*	Monument culturel intéressant Monumento cultural de interés
Sehenswertes Naturdenkmal Interesting natural monument	＊ *Niagara Falls*	Monument naturel intéressant Monumento natural de interés
Brunnen Well	◡	Puits Pozo
Ausflüge & Touren Excursions & tours		Excursions & tours Excursions & rutas

anzeige

über den daten-highway zu mehr spaß auf allen anderen straßen:

kein urlaub ohne

holiday autos

FREUEN SIE SICH ÜBER 15 EURO MIETWAGEN-RABATT!

15 euro rabatt sichern! sms mit **HOLIDAY** an **83111***
(49 cent/sms)

so einfach geht's:
senden sie das wort **HOLIDAY** per sms an die nummer **83111*** (49 cent/sms) und wir schicken ihnen ihren rabatt-code per sms zurück. mit diesem code erhalten sie 15 euro preisnachlass auf ihre nächste mietwagenbuchung! einzulösen ganz einfach in reisebüros, unter der hotline 0180 5 17 91 91 (14 cent/min) oder unter www.holidayautos.de (mindestalter des mietwagenbuchers: in der regel 21 jahre). der code ist gültig für buchung und mietbeginn bis 31.12.2010 für eine mindest-mietdauer von 5 tagen. der rabattcode kann pro mobilfunknummer nur einmal angefordert werden. dieses angebot ist gültig für alle zielgebiete aus dem programm von holiday autos nach verfügbarkeit.

*vodafone-kunden: 12 cent vodafone-leistung + 37 cent zusatzentgelt des anbieters. teilnahme nur mit deutscher sim-karte möglich.

REGISTER

In diesem Register sind alle in diesem Band erwähnten Orte und Ausflugsziele verzeichnet. Halbfette Seitenzahlen verweisen auf den Haupteintrag, kursive auf ein Foto.

SCHREIBEN SIE UNS!

Liebe Leserin, lieber Leser,

wir setzen alles daran, Ihnen möglichst aktuelle Informationen mit auf die Reise zu geben. Dennoch schleichen sich manchmal Fehler ein – trotz gründlicher Recherche unserer Autoren/innen. Sie haben sicherlich Verständnis, dass der Verlag dafür keine Haftung übernehmen kann.

Wir freuen uns aber, wenn Sie uns schreiben.

Senden Sie Ihre Post an die
MARCO POLO Redaktion,
MAIRDUMONT, Postfach 31 51,
73751 Ostfildern,
info@marcopolo.de

IMPRESSUM

Titelbild: Minaty Bay (Getty Images/Photodisc Rot: Powell)
Fotos: Aurora Bistro: Hamid Attie Photography (14 M.); U. Bernhart (88/89, 93, 104/105); Blo: John Black (15 u.); O. Boech (8/9, 16/17, 22/23, 27, 37, 54); Empire Ballroom (13 o.); Ron Hann (12 o.); Getty Images/Photodisc Rot: Powell (1); Harbour Air (103 M.r.); G. Hartmann (U r., 73, 86); HB Verlag: Hicker (U l., U.M., 2 r., 4 l., 5, 11, 19, 20, 23, 29, 40, 43, 61, 63, 71, 82, 85, 90, 95, 107, 110), Widmann (56); R. Hicker (3 l., 4 r., 34, 45, 59, 113); Huber: Damm (6/7, 32), Huber (24/25, 30/31, 108/109), Newman (94); © iStockphoto.com: Heinz Effner (14 u.), gremlin (102 u. r.), Izvorinka Jankovic (103 u. r.), Kristen Johansen (102 o. l.); Juan Monino (14 o.), eva serrabassa (103 M. l.); Kitewing Sports Ltd.: Justin Bufton (12 u.); Lade: Don (22); Laif: Amme (50), Harscher (96/97), Heeb (48/49, 64/65, 68, 122/123); H. Lange (111); Mauritius: Foodpix (26, 28/29); Pacific Institute of Culinary Arts: Zoom PhotoGraphics (102 M.l.); T. Stankiewicz (2 l., 3 M., 28, 46, 53, 55, 66, 77, 78/79, 80); SX2 Productions: Geoff Howard/Digital Artist (15 o.); Tantra Fitness: bryan ward photography (103 o. l.); K. Teuschl (3 r., 35, 38/39, 74, 75, 99, 101, 139); Vancouver Aquarium: Noel Hendrickson (102 M.r.); Van Dop Gallery: Trudy Van Dop (13 u.)

7., aktualisierte Auflage 2008
© MAIRDUMONT GmbH & Co. KG, Ostfildern
Verlegerin: Stephanie Mair-Huydts; Chefredaktion: Michaela Lienemann, Marion Zorn
Autor: Karl Teuschl; Redaktion: Marlis von Hessert-Fraatz
Programmbetreuung: Cornelia Bernhart, Jens Bey; Bildredaktion: Barbara Schmid, Gabriele Forst
Szene/24h: wunder media, München; Kartografie Reiseatlas: © MAIRDUMONT, Ostfildern
Innengestaltung: Zum goldenen Hirschen, Hamburg; Titel/S. 1–3: Factor Product, München
Sprachführer: in Zusammenarbeit mit Ernst Klett Sprachen GmbH, Stuttgart, Redaktion PONS Wörterbücher

FÜR IHRE NÄCHSTE REISE

gibt es folgende MARCO POLO Titel:

DEUTSCHLAND
Allgäu
Amrum/Föhr
Bayerischer Wald
Berlin
Bodensee
Chiemgau/Berchtes-
 gadener Land
Dresden/Sächsische
 Schweiz
Düsseldorf
Eifel
Erzgebirge/Vogtland
Franken
Frankfurt
Hamburg
Harz
Heidelberg
Köln
Lausitz/Spreewald/
 Zittauer Gebirge
Leipzig
Lüneburger Heide/
 Wendland
Mark Brandenburg
Mecklenburgische
 Seenplatte
Mosel
München
Nordseeküste
 Schleswig-
 Holstein
Oberbayern
Ostfriesische Inseln
Ostfriesland/
 Nordseeküste
 Niedersachsen/
 Helgoland
Ostseeküste
 Mecklenburg-
 Vorpommern
Ostseeküste
 Schleswig-
 Holstein
Pfalz
Potsdam
Rheingau/
 Wiesbaden
Rügen/Hiddensee/
 Stralsund
Ruhrgebiet
Schwäbische Alb
Schwarzwald
Stuttgart
Sylt
Thüringen
Usedom
Weimar

ÖSTERREICH |
SCHWEIZ
Berner Oberland/
 Bern
Kärnten
Österreich
Salzburger Land

Schweiz
Tessin
Tirol
Wien
Zürich

FRANKREICH
Bretagne
Burgund
Côte d'Azur/
 Monaco
Elsass
Frankreich
Französische
 Atlantikküste
Korsika
Languedoc-
 Roussillon
Loire-Tal
Normandie
Paris
Provence

ITALIEN | MALTA
Apulien
Capri
Dolomiten
Elba/Toskanischer
 Archipel
Emilia-Romagna
Florenz
Gardasee
Golf von Neapel
Ischia
Italien
Italienische Adria
Italien Nord
Italien Süd
Kalabrien
Ligurien/
 Cinque Terre
Mailand/Lombardei
Malta/Gozo
Oberital. Seen
Piemont/Turin
Rom
Sardinien
Sizilien/
 Liparische Inseln
Südtirol
Toskana
Umbrien
Venedig
Venetien/Friaul

SPANIEN |
PORTUGAL
Algarve
Andalusien
Barcelona
Baskenland/Bilbao
Costa Blanca
Costa Brava
Costa del Sol/
 Granada
Fuerteventura

Gran Canaria
Ibiza/Formentera
Jakobsweg/Spanien
La Gomera/El Hierro
Lanzarote
La Palma
Lissabon
Madeira
Madrid
Mallorca
Menorca
Portugal
Spanien
Teneriffa

NORDEUROPA
Bornholm
Dänemark
Finnland
Island
Kopenhagen
Norwegen
Schweden
Südschweden/
 Stockholm

WESTEUROPA |
BENELUX
Amsterdam
Brüssel
Dublin
England
Flandern
Irland
Kanalinseln
London
Luxemburg
Niederlande
Niederländische
 Küste
Schottland
Südengland

OSTEUROPA
Baltikum
Budapest
Estland
Kaliningrader
 Gebiet
Lettland
Litauen/Kurische
 Nehrung
Masurische Seen
Moskau
Plattensee
Polen
Polnische Ostsee-
 küste/Danzig
Prag
Riesengebirge
Russland
Slowakei
St. Petersburg
Tschechien
Ungarn
Warschau

SÜDOSTEUROPA
Bulgarien
Bulgarische
 Schwarzmeerküste
Kroatische Küste/
 Dalmatien
Kroatische Küste/
 Istrien/Kvarner
Montenegro
Rumänien
Slowenien

GRIECHENLAND |
TÜRKEI | ZYPERN
Athen
Chalkidiki
Griechenland
 Festland
Griechische
 Inseln/Ägäis
Istanbul
Korfu
Kos
Kreta
Peloponnes
Rhodos
Samos
Santorin
Türkei
Türkische Südküste
Türkische Westküste
Zakinthos
Zypern

NORDAMERIKA
Alaska
Chicago und
 die Großen Seen
Florida
Hawaii
Kalifornien
Kanada
Kanada Ost
Kanada West
Las Vegas
Los Angeles
New York
San Francisco
USA
USA Neuengland/
 Long Island
USA Ost
USA Südstaaten/
 New Orleans
USA Südwest
USA West
Washington D.C.

MITTEL- UND
SÜDAMERIKA
Argentinien
Brasilien
Chile
Costa Rica
Dominikanische
 Republik

Jamaika
Karibik/
 Große Antillen
Karibik/
 Kleine Antillen
Kuba
Mexiko
Peru/Bolivien
Venezuela
Yucatán

AFRIKA |
VORDERER
ORIENT
Ägypten
Djerba/
 Südtunesien
Dubai/Vereinigte
 Arabische Emirate
Israel
Jerusalem
Jordanien
Kapstadt/
 Wine Lands/
 Garden Route
Kenia
Marokko
Namibia
Qatar/Bahrain/
 Kuwait
Rotes Meer/Sinai
Südafrika
Tunesien

ASIEN
Bali/Lombok
Bangkok
China
Hongkong/
 Macau
Indien
Japan
Ko Samui/
 Ko Phangan
Malaysia
Nepal
Peking
Philippinen
Phuket
Rajasthan
Shanghai
Singapur
Sri Lanka
Thailand
Tokio
Vietnam

INDISCHER
OZEAN |
PAZIFIK
Australien
Malediven
Mauritius
Neuseeland
Seychellen
Südsee

> UNSER INSIDER

MARCO POLO Autor Karl Teuschl im Interview

Karl Teuschl lebt in München und Vancouver. Als Buch- und Filmautor ist er stets auf der Suche nach spannenden Themen – und findet sie.

Wie gut kennen Sie Kanada?

Über 20 Jahren bereise ich nun Kanada und die USA, und seit 10 Jahren lebe ich einen Teil des Jahres in Westkanada. Als Journalist und Autor sowie für Dokumentar- und Reisefilme bin ich überall in der Region unterwegs. Letztes Projekt war ein Arte-Film über Eisbergforschung in Kanada. So komme ich durch meine Arbeit immer wieder an ungewöhnliche Orte – und davon profitieren auch meine Recherchen für die Reiseführer.

Was fasziniert Sie an Kanadas Westen?

Es gibt in Kanada – nicht nur in den Nationalparks – noch wirklich große Landflächen, in denen der Mensch noch keine Spuren hinterlassen hat. Am meisten beeindruckt mich die Weite, der Platz, den man auch im täglichen Leben hier hat. Und selbst wenn die Kanadier sicher ihre Fehler beim Umweltschutz gemacht haben – die Natur ist immer noch intakter, wilder und ursprünglicher als in Europa. Oft macht es den größten Spaß, die kleinen, stillen Dinge zu entdecken: das indianische Café mit den fabelhaften Blaubeerpfannkuchen, die Tour zum Bären-

beobachten, die ganz persönlich geführte Lodge im Hinterland.

Und was mögen Sie an Kanada nicht so?

Als Bayer fehlen mir natürlich in Kanada die Biergärten ... Aber nein, Scherz beiseite, Kanada ist für uns Europäer schon ziemlich ideal als Wohn- und Urlaubsland. Die Menschen sind unglaublich offen und herzlich. Das Land ist sauber, schön und riesengroß.

Wo und wie leben Sie genau?

Mein Zuhause in Kanada ist Vancouver, bestimmt die schönste Stadt Kanadas. Hier habe ich die beste Kombination aller Welten. Nirgendwo ist Kanada so asiatisch, so exotisch. Und nirgendwo ist die Landschaft mit den Bergen direkt am Pazifik so grandios.

Mögen Sie die Küche von Westkanada?

Die vielen Klischees zum langweiligen Essen in Kanada – im Hinterland stimmen sie leider teilweise. Aber mit etwas Suchen lassen sich reichlich regionale Unterschiede entdecken und genießen. So sind die Steaks aus Alberta für mich wirklich die besten der Welt. Selbst gegrillt auf einem Feuer am See irgendwo im Hinterland und dazu ein paar frische Maiskolben – da ist der kulinarische Himmel schon ganz nah. Und wenn ich frisch zurück in Kanada bin, muss ich wenigstens einmal zu *Tim Horton's* – für ein paar herrlich süße Donuts und einen Kaffee (halb *regular*, halb *French Vanilla*). Super!

> BLOSS NICHT!

Zum Schluss ein paar Hinweise auf mögliche Gefahren und Dinge, die man besser meidet

Auf eine Auslandskrankenversicherung verzichten

Als Ausländer sind Sie beim Arzt oder im Krankenhaus grundsätzlich Privatpatient. Ein Tag in einer kanadischen Klinik kann leicht 1000 $ und mehr kosten. Reisen Sie also auf keinen Fall ohne Versicherung.

Bären erschrecken

Bären können sehr gut riechen, sehen aber schlecht. Wenn Sie sich also gegen den Wind anpirschen und der Bär Sie erst in letzter Sekunde bemerkt, dann wird er aggressiv. Reden Sie beim Wandern laut, oder singen Sie. Auch ein Glöckchen am Hosenbein kündigt Sie an und lässt Meister Petz genug Zeit, sich zurückzuziehen.

Entfernungen unterschätzen

Täuschen Sie sich bloß nicht bei den Dimensionen Kanadas. Besonders im weiten Norden kann ein Fingerbreit auf der Landkarte eine elend lange Tagestour auf Schotterstraßen bedeuten.

Diebe herausfordern

Kanada ist ein sehr sicheres Reiseland. Auf dem Campingplatz wird es Ihnen wohl eher passieren, dass Ihnen der im Waschraum vergessene Ring hinterhergetragen wird, als dass Sie im Wohnmobil ausgeraubt werden. Doch Gelegenheit macht auch in Kanada Diebe. Also lassen Sie auf Parkplätzen keine Kameras oder andere Wertgegenstände offen im Wagen liegen, und gehen Sie in den Großstädten nachts nicht alleine durch dunkle Seitenstraßen.

Alkoholisiert Autofahren

Zwar liegt die Promillegrenze bei 0,8, aber bei einem Unfall wird die Versicherung alle Zahlungen verweigern. Außerdem kennt die Polizei keine Gnade und die Strafen sind drakonisch.

Rauchen

In Kanada ist das Rauchen verpönt – und horrend teuer. *No smoking* wird als Schild schon gar nicht mehr angebracht, doch in allen öffentlichen Gebäuden, Flughäfen und Lokalen ist Rauchen verboten.

Wildniswanderungen ohne Rückversicherung machen

Hinterlassen Sie immer eine kurze Notiz über Ihre Route in der unberührten Wildnis und die voraussichtliche Zeit der Rückkehr. Beim Kanuvermieter, beim Buschpiloten, der Sie ins Hinterland fliegt, oder beim Parkranger. Auch jede Polizeistation (RCMP) nimmt derartige Meldungen entgegen. Falls etwas schief gehen sollte, kann ein Suchtrupp losgeschickt werden. Vergessen Sie aber nicht, sich zurückzumelden, wenn Sie wohlbehalten wieder ankommen. Und wandern Sie ja nicht ohne Moskitomittel im kanadischen Busch. Ein Fläschchen *Off, Muskol* oder *Cutter* bewahrt Sie vor der Gier der Blutsauger.